OS INVESTIMENTOS INTERNACIONAIS
NO DIREITO COMPARADO E BRASILEIRO

B222i   Baptista, Luiz Olavo
   Investimentos internacionais no Direito Comparado e brasileiro / Luiz Olavo Baptista. — Porto Alegre: Livraria do Advogado, 1998
   102 p.; 14x21cm. — (Coleção Direito e Comércio Internacional)
   ISBN 85-7348-066-1
   1. Investimento estrangeiro. 2. Direito Comparado. I. Título. II. Série.

CDU 330.322

Índices para catálogo sistemático

Direito Comparado
Investimento estrangeiro

(Bibliotecária responsável: Marta Roberto, CRB 10/652)

Coleção Direito e Comércio Internacional

LUIZ OLAVO BAPTISTA

Investimentos Internacionais no Direito Comparado e Brasileiro

Porto Alegre 1998

© Luiz Olavo Baptista, 1998

Capa de
Humberto Rossetti Baptista

Revisão de
Rosane Marques Borba

Projeto gráfico e composição de
Livraria do Advogado / Valmor Bortoloti

Direitos desta edição reservados por
Livraria do Advogado Ltda.
Rua Riachuelo, 1338
90010-173 Porto Alegre RS
Fone/fax (051) 225 3311
E-mail: livadv@vanet.com.br
Internet: http://www.liv-advogado.com.br

Impresso no Brasil / Printed in Brazil

À todos os meus alunos da Faculdade de Direito do Largo de São Francisco, bem representados por Ligia Maura Costa, Luiz Alfredo Paulin, Margareth Leister, Maristela Basso, Maurício Curvelo de Almeida Prado, Pedro Bohlomeletz Dallari, Sergio Freitas Costa, que cujas demonstrações de amizade sempre me comovem.

Abreviaturas

BACEN - Banco Central do Brasil
CF - Constituição da República Federatica do Brasil
CIJ - Corte Internacional de Justiça
CPC - Código de Processo Civil
CTC - Câmara de Trabalho e Comércio
CTN - Código Tributário Nacional
EUA - Estados Unidos da América
FADUSP - Faculdade de Direito da Universidade de São Paulo
FIRCE - Fiscalização e Registro de Capital Estrangeiro
FMI - Fundo Monetário Internacional
INPI - Instituto Nacional da Propriedade Industrial
LICC - Lei da Introdução ao Código Civil
MIGA - Miltilateral Investment Guaranty Agency
OCDE - Organização para a Cooperação e o Desenvolvimento Econômico
OMC - Organização Mundial do Comércio
ONU - Organização das Nações Unidas
RR - ? RIR - Regulamento do Imposto de Renda
SISBACEN - Sistema de Informação Banco Central
SISCOMEX - Sistema Integrado de Comércio Exterior
STF - Supremo Tribunal Federal
SUMOC - Superintendência da Moeda e do Crédito
TRIMS - (Agreement on) Trade-Related Investment Measures

Apresentação

A temática dos investimentos é vital na vida de cada país, e tem sido objeto de regulamentações tanto no plano nacional, quanto no internacional. Neste, visando a regular os interesses dos diferentes países e a assegurar os dos investidores.

A chamada mundialização ou globalização, que é um dado real, ao menos no âmbito financeiro, e que permeia as demais atividades, assim como o advento da OMC, e o fato de esta ter regulamentado e limitado o poder dos Estados no que concerne aos investimentos, acrescentaram mais uma razão para se estudar os investimentos estrangeiros, ou se preferirem, do estrangeiro.

O fato de que os investimentos tocam diferentes práticas e aspectos da vida econômica tem levado a estudos sobre vários de sesus aspectos. Assim cuidou-se de sua definição, dos direitos dos países hospedeiros ou de destino dos investimentos, da nacionalidade dos investimentos - que se reflete na nacionalidade das sociedades[1] - dos conflitos que opõem os países de origem aos destinatários[2], ou estes aos investidores[3]. Também se escreveu muito sobre a proteção do investi-

---

[1] Assunto sobre o qual há o magnífico estudo histórico de João Grandino Rodas, Evolução do liame entre sociedade comercial e Estado, S. Paulo, Tese (Titular) FADUSP, 1993.

[2] Objeto dos estudos de Drago e Carlos Calvo, desde o século passado.

[3] Recorde-se a propósito o trabalho pioneiro de Hermes Marcelo Huck Contratos com o Estado: Aspectos de direito internacional. S. Paulo, Tese, FADUSP, 1989.

dor, sobre os mecanismos de solução de controvérsias entre estes e os Estados ou daquelas entre os últimos, em matéria de investimentos. Além disso, houve quem classificasse os investimentos ou comentasse a legislação a eles relativa. Enfim, a temática é muito ampla e diversificada, o que justifica sistematizar os conhecimentos sobre o tema.

Este texto foi escrito originalmente como material de trabalho para meus alunos da cadeira de Direito do Comércio Internacional na Faculdade de Direito da USP. Daí sua perspectiva sistematizadora e o fato de tratar a matéria sob dupla perspectiva: a da sistematização da matéria, a que me referi, e a das regras aplicáveis aos investimentos no direito brasileiro.

O fato de que por alguns anos serviu de auxílio aos estudos dos bacharelandos da São Francisco - como se verificou pelo esgotamento das apostilas, reimpressas mais de uma vez - encorajou-me a reescrevê-lo, ampliando-o e atualizando-o.

A temática dos investimentos me fascina há muito, desde os tempos em que, estudante, tinha dela uma visão política e limitada, até agora, em que espero estar vendo um quadro mais amplo.

No decorrer dos anos pude tratar dos investimentos sob vários ângulos. Um foi o de analista e crítico das legislações da República do Níger e de Angola, e sugerindo reformas, como consultor do CTC da ONU. Assisti os funcionários da Tailândia que faziam pesquisa de direito comparado dos investimentos com vistas à regulamentação de seu país, por indicação do PNUD.

Depois, em Angola, voltei a encarar a problemática, fazendo projetos sucessivos de legislação sobre investimentos e propondo a criação de órgão centralizado que cuidasse da matéria, com vistas a dar mais racionalidade e eficácia aos procedimentos, projetos esses que serviram à evolução da legislação.

Ocupei-me também em estudar as regras relativas aos investimentos, aí já na veste de advogado de investidores, tanto os brasileiros que foram pioneiros na conquista de novos mercados no exterior, como de estrangeiros que vieram para cá.

Finalmente, como professor, cuidei de sistematizar meus conhecimentos para poder transmiti-los a meus alunos.

Transitei, assim pela teoria e pela prática dos investimentos.

Essa trajetória resultou neste livro, que busca fazer uma síntese do tratamento jurídico dos investimentos internacionais, conjugando os fundamentos teóricos com aspectos práticos.

Não tive a pretensão de esgotar a matéria, que é muito ampla, nem a de ser este trabalho obra definitiva. Quero, apenas, que possa ser útil a quem for examinar os investimentos sob o ângulo do direito, facilitando-lhe a tarefa. Se o tiver conseguido, terá servido o esforço feito.

Fui ajudado nas pesquisas para a revisão da legislação e da doutrina mais recente pela minha colega de escritório, a jovem e talentosa advogada Daniela Zaitz, que foi minha aluna, e pelo estagiário Hugo Brazioli Slivinskis, aos quais agradeço, esclarecendo ao leitor que não são responsáveis pelos eventuais erros e falhas, que são todos meus.

O Autor

Sumário

Introdução 15
Capítulo I - Investimento - Direito Internacional 21
1. Elementos característicos 29
  1.1. Busca dos critérios distintivos 29
    1.1.1. Natureza 30
    1.1.2. Investimentos direto e indireto 31
    1.1.3. Noção de investimento internacional 35
  1.2. Modalidades de investimento 36
    1.2.1. Investimentos público e privado 37
    1.2.2. Investimentos industrial, comercial ou de serviços .. 38
  1.3. Forma do investimento e novos modos de
    cooperação internacional 39
2. Visão jurídica do investimento 41
  2.1. Fontes do direito dos investimentos 41
    2.1.1. Fontes internacionais 41
    2.1.2. Fontes internas 46
  2.2. Conteúdo de uma definição jurídica 48

Capítulo II - O regime do investimento estrangeiro no Brasil .. 57
1. Conceito de investidor 61
  1.1. O domicílio e a residência 61
  1.2. Papel da nacionalidade 65
  1.3. Restrições de acesso aos investimentos estrangeiros .. 67
    1.3.1. Áreas privativas de atuação do Estado 67
    1.3.2. Áreas de atuação reservadas aos brasileiros ou
    empresas por estes controladas 69
2. O registro do investimento 70
  2.1. Obrigação de registrar o investimento 70
    2.1.1. Investimentos em moeda 72
    2.1.1.1. Registro do capital ingressado 73
    2.1.1.2. Moeda recebida para futura capitalização 73
    2.1.1.3. Registro das remessas 74
    2.1.2. Investimentos em bens, serviços, etc. 78
    2.1.2.1. Bens importados sem cobertura cambial 79

2.1.2.2. Marcas e patentes	80
2.1.3. Empréstimos e outros créditos	81
2.1.4. Capital contaminado	82
2.2. O Certificado de registro	82
2.2.1. Certificado de registro	83
2.2.2. Moeda do registro	84
3. As garantias do investimento	90
3.1. Garantia de repatriação	91
3.2. Garantia contra a expropriação	94

Bibliografia
Livros, revistas e teses	99
Legislação	101

Introdução

Uma das áreas mais sensíveis na economia internacional da segunda metade do século XX vem sendo a dos investimentos diretos internacionais.

Os países da OCDE, de um lado, e os países em desenvolvimento, de outro, manifestam igual preocupação com os investimentos estrangeiros.

Nos Estados Unidos, houve quem se preocupasse com a crescente presença japonesa na sua economia, do mesmo modo como canadenses e franceses se preocupam com a "invasão" dos investimentos norte-americanos. Para nós, o mesmo problema se coloca. No Uruguai e no Paraguai, há quem tema pela independência do seu país diante da cada vez maior participação de agricultores brasileiros, enquanto alguns grupos de brasileiros fitam com certa hostilidade a entrada dos capitais dos Estados Unidos.

Se a preocupação com a desnacionalização da economia está por toda a parte, também vemos governos restringindo investimentos em certas áreas que consideram importantes para a segurança nacional. Muitas vezes, há normas que obrigam os investidores a aplicar parte dos seus recursos em treinamento, educação, obras de infra-estrutura, substituição de importações ou aumento de exportações.

Também há uma atitude de buscar ativamente o investimento direto do exterior como forma de criar novos empregos e desenvolver outros setores industriais, extrativos ou agrícolas.

Todas essas posturas, reduzidas a normas, constituem o que usualmente é chamado o regime do capital ou investimento estrangeiro.

O dicionarista[4] define a expressão *regime* como:

"ação de governar, de reger, de dirigir. Modo de governar um Estado: Regime constitucional. Governo, direção, regulamento, regimento. Administração de qualquer estabelecimento público ou particular, e em geral de qualquer sociedade: O regime das cadeias. Modo de viver, de proceder; tratamento: Tem sujeitado a família a um regime muito austero. Dieta, modo de alimentação. Sistema, processo, regra, modo: Os cursos de regime uniforme".

É estranho pensar que diversas pessoas poderiam tomar, cada qual, uma das acepções desse substantivo para discorrer sobre este assunto. Há quem diga que vivemos *"sob o regime do capital estrangeiro"*, isto é sob o governo deste. Outros entendem que o Estado não tem como submeter o capital estrangeiro a *"um regime"*, eis que este é ingovernável. Outros ainda acham o *"regime"* do capital estrangeiro muito austero, admitindo que está submetido a um modo de proceder, ou sistema, ou conjunto de regras, a seu ver, excessivo.

O emprego das diferentes acepções da expressão denota o caráter político da questão[5], que tem, também, aspectos econômicos importantes.

A regulamentação - e quando possível - o controle do investimento privado estrangeiro por um país pressupõe a atuação - alguns dizem intervenção - do Estado na economia. No globo, a diversidade das legislações

---

[4] CALDAS AULETE, "Dicionário Contemporâneo da Língua Portuguesa", Rio de Janeiro, Ed. Delta, 1978, V. 4.

[5] V. a propósito Mesa Redonda realizada na AASP, em 12-05-1978, sobre o tema "Tratamento do Capital Estrangeiro no Brasil", em Seminário que coordenamos.

sobre a matéria demonstra que a percepção do bem comum - motor da ação estatal - é diversa: fazem-na variar, além do aspecto político, a que aludimos acima, os econômicos: grau de desenvolvimento ou endividamento do País, modelo de desenvolvimento econômico, caráter dominante ou dependente de sua economia.

A regulamentação do ingresso e saída de capitais estrangeiros e sua implementação são, assim, conseqüências diretas dos aspectos políticos e econômicos. Varia no curso do tempo, segundo objetivos, a longo e médio prazos, fixados pelo Estado, por via legislativa, e que são objeto de reajustes menores, a curto prazo, pelo órgão de controle ou fiscalizador.

Para se chegar a uma regulamentação do capital estrangeiro, é preciso, antes de mais nada, defini-lo.

A expressão *"bens estrangeiros"* era usual no direito internacional até o fim da II Grande Guerra, quando o termo *"investimentos estrangeiros"* começou a suplantá-la. Há quem[6] considere a alteração terminológica sintomática: ela traduziria um progresso na análise da situação e representaria uma conquista jurídica.

O progresso na análise consistiria na distinção, no gênero *bens*, das características específicas da participação e do investimento, e na atribuição, a cada qual, de estatutos ou regimes jurídicos específicos.

A conquista consistiria em o direito estar regulamentando o movimento de capitais, desde o seu ponto de partida até o de chegada - o que acentua o caráter internacional da operação.

Estamos, pois, assistindo à gradativa instalação de um regime dos investimentos estrangeiros no lugar da que era apenas uma política em relação aos bens dos estrangeiros situados no território nacional.

---

[6] CARREAU, Dominique; JULLIARD, Patrick; e FLORY, Thiebaut, "Manuel du Droit International Économique". 2ª. ed., Paris: LGDJ, 1990, p. 360.

Segundo os autores citados:

"o Direito dos investimentos se apresenta, originariamente como um Direito das atividades econômicas individuais. Daí a definição precisa do conteúdo desse Direito: trata-se da política das atividades econômicas do estrangeiro residente no território nacional"[7].

Entretanto, como veremos, a definição é estreita, pois a crescente internacionalização dos negócios levou a deslocar o eixo das preocupações do legislador, do tratamento dos alienígenas residentes em seu país, para o campo, muito mais amplo, da origem do capital (critério mais realístico) e de sua movimentação. A nacionalidade não deixa de ter sua importância, como veremos.

O regime dos investimentos estrangeiros desenvolve-se em três planos principais: o do *acesso* do estrangeiro às atividades econômicas, o da *liberdade* de ele adquirir e dispor dos bens necessários para sua atividade econômica e, finalmente, o da *garantia* dos direitos individuais que lhe forem concedidos no País.

A matéria está fundada, no Brasil, em textos constitucionais, que estabelecem os princípios que orientarão a ação do Estado nesses três planos.

Assim é que o acesso a certas atividades será vedado ao estrangeiro: por exemplo, a pesquisa e a exploração de petróleo (art. 177, C. Fed.). A liberdade e a garantia dos direitos individuais lhes são asseguradas, também por textos constitucionais (arts. 5º e outros da C. Fed.).

O direito dos investimentos estrangeiros nasceu do Direito Internacional, por um lado, e do Direito Econômico, por outro, mas com caráter ancilar. Este decorre da falta de independência e originalidade deste ramo do

---
[7] CARREAU *et alii* loc. cit. m/ trad. livre.

Direito, ainda sem institutos próprios, dependente dos de outros para agir.

Tratar-se-ia, também, de direito subjetivo, na medida em que, dizem certos autores,

> "ele se destina essencialmente a definir os direitos e os deveres dos indivíduos exercendo uma atividade econômica em território estrangeiro"[8].

Bebendo das fontes do Direito Internacional, não pôde o direito dos investimentos deixar de acompanhar a evolução deste, nas garantias mínimas para a busca de condição de igualdade: - a condição do investidor nacional e do estrangeiro passaram a ser tratadas quase como se fossem uma só.

Como apontava um autor[9]:

> "O direito internacional não conhece uma noção própria aos 'investimentos estrangeiros'. Em termos clássicos, ele contém regras relativas ao tratamento de que um indivíduo pode se beneficiar, este indivíduo sendo estrangeiro em relação ao Estado nação que lho concede"

Na seqüência, a tônica deslizou da pessoa do investidor para o investimento. O direito dos investimentos passou então a contemplar *"a regulamentação dos movimentos de capitais entre os Estados"*[10].

Há quem[11] date essa evolução, sincronizando-a com a fase de descolonização que se sucedeu à 2ª Grande Guerra, e critique a liberdade que se deu ao investimento pela ausência de regulamentação. Entretanto, como

---

[8] CARREAU, Dominique; JULLIARD, Patrick; e FLORY, Thiebaut, "Manuel du Droit International Économique". 2ª ed. Paris: LGDJ, 1990, p. 561.

[9] LAVIEC, Jean F. "Protection et promotion des investissements". Étude de Droit International Économique, Paris: PUF, 1985, p. 11. (traduzí livremente)

[10] CARREAU, Dominique; JULLIARD, Patrick; e FLORY, Thiebaut, "Manuel du Droit International Économique". 2ª ed., Paris: LGDJ, 1990, p. 561.

[11] PICONE, Paolo e SACERDOTI, Giorgio. "Diritto Internazionale Dell'Economia". 4ª. ed. Milão:Franco Angeli Ed. 1994, p. 784 e ss.

veremos, essa também teve reflexos negativos pela falta de proteção que decorria daí.

Celso de Albuquerque Mello[12] aponta para as necessidades de capital do terceiro mundo, associadas a "não se deixar explorar" como o fundamento da idéia de regulamentação do investimento estrangeiro. Assiste-lhe razão, mas cabe acrescentar que os países de origem dos investimentos também desejavam uma regulamentação, porém, esta visando a proteger o investidor.

O processo regulamentar desenvolveu-se através da tentativa de criar códigos de conduta e outras normas gerais e também pela via dos acordos de proteção ou garantia dos investimentos, na sua maioria bilaterais.

Com essa evolução e metamorfose, o direito dos investimentos veio a gozar de autonomia própria, bem como a ser objetivo, pois que focaliza diretamente as operações econômicas e jurídicas que envolvem a saída e ingresso em qualquer Estado, dos valores destinados a fins econômicos, os investimentos.

Entretanto, o simples conceito do que é investimento privado estrangeiro não basta. A legislação contempla o seu *destino* - a atividade empresarial - e estabelece o *tratamento, proteção, garantias*, bem como os *direitos e deveres das partes* em presença: Estados e investidor estrangeiro.

É abordando esses aspectos que nos propomos a examinar o regime do investimento estrangeiro.

---

[12] "Direito Internacional Econômico". Rio de Janeiro: Ed. Renovar, 1993. pp. 126 e ss.

Capítulo I

Investimento Direto Internacional

A expressão *investimento* é utilizada em diversas acepções: numa, designa uma ação que consiste seja na criação, seja na aquisição de um bem. Noutra, designa esse bem, decorrente do ato de investir.

É por esta segunda concepção que iniciaremos a busca de uma definição, pois, como se verá, é a que corresponde ao conceito de "capital estrangeiro" adotado pelo legislador brasileiro.

A noção econômica, entretanto, embasará a visão jurídica, pois o investimento é um ato econômico.

Do ponto de vista da economia, o investimento estrangeiro supera o simples movimento de capitais. Ele é parte de um processo de expansão da empresa, ou um movimento para assegurar a sua sobrevivência.

Muitas vezes esse processo começa sem o movimento de capitais. A contratação de um representante local que usa a marca da empresa, uma cessão de tecnologia, uma aliança estratégica, podem estar no ponto de partida. Na medida em que esses atos revelam-se lucrativos, ou que a necessidade de assegurar uma posição nesse mercado se afirma, os lucros podem ser reinvestidos localmente, ou um empréstimo pode ser feito, ou ainda uma subsidiária pode ser aberta com pequeno capital, visando a marcar a presença do investidor e a ampliar os seus ganhos.

A atitude cautelosa é explicada pelo desconhecimento do mercado, pelo temor de expropriação, ou mesmo pelo fato de, sendo o primeiro investimento no exterior, o empresário estar temeroso. As razões são várias e não terminam nesses exemplos.

Na segunda metade deste século, como ressalta Lindert[13],

> "O investimento direto estrangeiro tem aumentado e caído, principalmente aumentado, através do século 20. Teve seu crescimento mais rápido, e alcançou a sua maior extensão no fluxo de investimentos internacionais na geração do pós guerra, aproximadamente da guerra da Coréia (1950-53) ao primeiro choque do petróleo (1973-74). Desde o início dos anos 70 o investimento direto estrangeiro cresceu mais lentamente, sendo eclipsado por duas ondas de empréstimos de carteira - o malfadado aumento dos empréstimos para os países em desenvolvimento em 1974-1982"

Como aponta esse autor, os aumentos e diminuições do movimento dos investimentos diretos internacionais está ligado ao tipo de empresas que o fizeram. Houve, assim, a onda das companhias de petróleo, de mineração, e de produtos primários; depois a dos manufatureiros, e agora começa a dos investidores em serviços, inclusive os de utilidade pública, seguindo a moda ou tendência das privatizações.

Sem sombra de dúvida, a decisão de investir fora de seu próprio país implica assumir riscos maiores que a da atuação local, mas, se a economia vai mal, ela arrasta junto consigo a atividade econômica do investidor. Assim, uma razão que força o investimento externo é a diversificação do risco.

Também se sabe que a administração de uma subsidiária à distância custa mais que a local, em razão da necessidade de maiores controles, viagens, comunicações e outros fatores. Mas algumas vantagens competitivas podem ser ganhas com o investimento direto no exterior, que dependem da natureza da companhia e da sua

---

[13] LINDERT, Peter H. International Economics, 9th Ed. Burr Ridge, Illinois: Irwin, 1991, p. 569.

atividade, e que colocam a subsidiária em posição mais favorável que as empresas locais. Melhor tecnologia, um mercado mundial, o acesso a crédito mais barato, são algumas dessas vantagens.

Em suma, nesses dois casos, a motivação econômica é que a empresa no exterior deve ser capaz de lucrar mais que suas competidoras locais, e, no conjunto, o ganho da matriz e das subsidiárias, ser maior, pois como lembra Lindert:

> "A despeito de todas as suas imperfeições, o mercado internacional de capitais deveria ser capaz de transferir mais capital de um país para outro que uma empresa cujas maiores preocupações residem na produção e comercialização."

Stephen Himer[14] desenvolveu uma tese segundo a qual todo investidor no exterior é um monopolista ou oligopolista quanto a determinado produto, que investe no exterior para proteger seu mercado. Dessa forma, onde a Ford investir, a GM estaria investindo, onde a Shell investisse, a Exxon estaria presente, e daí por diante. Tratar-se-ia, então, segundo ele, de uma estratégia defensiva, um comportamento oligopolístico.

O caráter defensivo dessa estratégia levaria as empresas a fazer *lobby* junto ao governo dos países hospedeiros - e possivelmente junto ao do seu - para obter regras especiais, de caráter protecionista, tais como barreiras à importação. O início da indústria automobilística no Brasil, sob a presidência de Juscelino Kubistchek, ou a criação da indústria petroquímica, no governo do General Ernesto Geisel, seriam exemplos do que pode ocorrer.

Outro economista, Stephen P. Magee[15], num capítulo escrito em obra coletiva, desenvolveu a chamada

---

[14] "The International Operation of National Firms: A Study of Direct Foreign Investment", Cambridge, Mass.: MIT Press, 1976, passim.

[15] *In* ADAMS, John. (ed.) "The Contemporary International Economy: a Reader." 2d. ed. New York: St. Martins Press, 1985.

Appropriability Theory. Segundo esta, as vantagens comparativas que estariam na raiz dos investimentos diretos no exterior são as mesmas que construíram a posição vantajosa da empresa no seu mercado de origem: gestão excelente, melhor acesso aos consumidores, mais conhecimento dos desejos destes, seu *know-how*, alguma patente desenvolvida no passado e que possivelmente dá origem a outras, etc.

Essas vantagens permitiriam que a empresa investisse no exterior pela mesma razão pela qual constrói novas unidades no seu país de origem, em vez de comprar de outros.

O mecanismo seria, assim, o mesmo: uma ampliação da área de atuação. Seria para apropriar-se dos ganhos potenciais (daí o nome da teoria) que a empresa acharia melhor ter o controle e a propriedade que reparti-los com outros. Se a empresa se prestasse a dividir o controle de suas subsidiárias no exterior, também estaria perdendo vantagens competitivas.

Esta teoria aponta para outras conseqüências do investimento externo, por exemplo no fato de que para manter sua vantagem competitiva o investidor precisa manter o mesmo nível tecnológico da origem nas subsidiárias, o que não fará se sentir que não pode manter controle adequado sobre estas (porque poria em risco seu *know-how* e tecnologia).

Os governos hospedeiros assim teriam interesse em deixar o investidor só, ou apoiar o investimento que traz novas tecnologias, ao invés de procurar controlá-lo e restringir sua ação.

A existência de certas vantagens comparativas, como a proximidade de jazidas minerais, ou de outra fonte de matéria-prima, a situação geográfica do país onde a produção se fará são considerações também importantes na decisão de investir no exterior, quando ocorrem os fatores acima referidos.

Finalmente, há uma motivação financeiro-política: o volume de impostos. Com efeito, o peso da tributação numa era em que a globalização da economia tende a aumentar, leva muitas vezes as empresas a investir onde pagam menos impostos, desde que os custos de produção sejam iguais.

Também ocorre a prática do *transfer pricing*, que encontra seu caldo de cultura ideal no seio das ETNs (empresas transnacionais). É por isso, ele diz, que esses investidores procuram assegurar-se o controle, visando a impedir a criação de mais um competidor e para manter seus segredos industriais e comerciais abrigados. A ser verdadeira essa tese, justificar-se-ia um controle do investimento, quando mais não seja por razões de proteger a livre competição.

Dessa forma, vemos que os investimentos diretos no exterior são um fluxo de capitais associado a tecnologias de produção e gestão, sob a forma de participação direta ou empréstimos a longo prazo para as subsidiárias.

Além das vantagens relativas à posição de mercado, espera-se um retorno sob forma de *royalties*, dividendos, juros, etc.

A tendência moderna é de aumentar o número de contratos envolvendo um complexo de tecnologia, *marketing* e técnicas de gestão, como nos casos de *franchising*, pois os países mais desenvolvidos dirigem-se para uma economia baseada mais em serviços que na produção, ou no caso desta quando há grande valor agregado em razão do alto conteúdo tecnológico.

É difícil delimitar a noção ou conceito de investimento estrangeiro: o substantivo implica, como se disse, as idéias de fluxo, que inclui o *trazer* e o *afetar* a determinada finalidade, e o qualificativo sugere uma *origem* e um *destino*.

O verbo *investir* é definido[16] como "aplicar ou colocar capitais em negócio", ou "aplicar ou empregar capitais" e o substantivo é definido como "o ato ou efeito de investir". Essa definição, entretanto, não é satisfatória. A partir do estabelecimento de critérios para distingui-lo, poder-se-á deduzir o conceito de investimento estrangeiro.

---

[16] FERREIRA, Aurélio Buarque de Holanda, "Novo Dicionário da Língua Portuguesa", 1ª. ed. S. Paulo: Nova Fronteira.

1. Elementos característicos

Certos elementos precisam ser destacados para que a noção de investimento se separe de outras operações.

É preciso, então, buscá-los para escolher os que permitem estabelecer critérios de distinção, e determinar como serão usados.

1.1. BUSCA DOS CRITÉRIOS DISTINTIVOS

Como se viu, a palavra investimento pode designar o ato ou o efeito de investir.

Do ponto de vista econômico, o investimento, como vimos, gravita em torno da idéia de afetação de capital (ou bens) numa atividade que se espera reprodutiva, isto é, que assegure o seu retorno, acrescido de lucros ou outra forma qualquer de remuneração.

Como foi apontado em inteligente dissertação de mestrado na Faculdade de Direito da USP,

> "Analisando-se a noção econômica, podem ser identificados três critérios que permitem caracterizar o investimento, permitindo que se saiba quais os bens que o constituem. Esses critérios de acordo com alguns autores são o aporte, o termo e o risco"[17]

---

[17] HELOU, Christiane Costa e Silva de Castro. Proteção, "Tratamento e garantia dos investimentos internacionais contra os riscos políticos: aspectos de direito internacional." S. Paulo, 1997. Mim. p. 19. FADUSP, Orientador:

Segundo Lindert:

"os fluxos internacionais de capital usualmente não são movimentos de máquinas de produção ou edifícios. Antes, são usualmente fluxos de demandas financeiras, fluxos entre credores e tomadores de empréstimos, ou entre os proprietários e as empresas por eles possuídas"[18]

Dos elementos apontados, podemos destacar três que nos parecem ser muito característicos. São eles, a *natureza*, a *origem* e o *destino* do investimento. Esses, os critérios mais usados nas classificações e definições de investimento, e merecem nossa atenção.

1.1.1. Natureza

O investimento pode ser feito diretamente numa atividade produtiva de bens ou de serviços, caso em que é chamado de investimento direto, ou ser objeto de uma aplicação financeira, quando é chamado de investimento indireto.

O exemplo a seguir pode nos mostrar como as mesmas operações podem ser enquadradas sob uma ou outra categoria:

Investimento direto	Investimento indireto
Uma ETN compra 55% das ações de uma mina de bauxita no Brasil	A ETN compra, em Bolsa, 5% das ações de uma mina de bauxita no Brasil.
Um empréstimo da Ford Motor Co. para sua subsidiária brasileira	Um empréstimo da Ford para um fabricante de autopeças

---

Prof. Associado Hermes Marcelo HUCK. A autora cita, em abono de sua afirmação, D. CARREAU e outros, na obra retromencionada na nota.

[18] LINDERT, Peter H. "International Economics", 9th Ed. Burr Ridge, Illinois: Irwin, 1991, p. 546.

A diferença aparece, então, na possibilidade de controle, ou da atividade de gestão do investidor. Este deve ser um empresário, no caso do investimento direto, e será um aplicador de recursos financeiros, no caso dos investimentos indiretos.

Também cabe trazer à baila a distinção entre bens públicos e particulares, que não é exclusiva do Direito, e que tem que ver com a origem dos mesmos. Por isso repercutirá na natureza dos investimentos.

Se o Estado pode fazer investimentos com fim de lucro, essa não é sua finalidade. O particular, ao contrário, se pode aplicar capitais sem finalidades econômicas (por exemplo na criação de um museu), em geral o faz com propósito de lucro. Num caso visa-se ao bem comum, noutro, a satisfação individual (ainda que alcançada por via de um ato filantrópico ou de generosidade).

Dessa forma a origem pública ou privada do investimento passa a ter importância quando associada à sua destinação.

1.1.2. Investimentos direto e indireto

Se opera ou pela tomada (ou assunção) do controle, ou pela vontade de participar, ainda que minoritariamente, no capital da empresa, de modo permanente, e exercendo um grau de controle ou influência preponderante em sua gestão.

Outra vez a distinção só é fácil nos casos extremos, e é o *"poder de controle"*[19] que será a pedra de toque, permitindo distingui-los.

É o objetivo do investidor que determinará, em última análise, qual a natureza do investimento.

O caminho da Bolsa, ou do balcão de negócios das instituições financeiras, pode servir tanto aos investido-

---
[19] COMPARATO, Fábio, "O Poder de Controle nas Sociedades Anônimas", 2ª ed. 1977, S. Paulo: R.T., *passim*.

res chamados de *"rendeiros"* (porque almejam receber as rendas do capital, sem se envolver diretamente no processo de produção) como aos investidores *"empreendedores"* que desejam sobretudo participar do processo produtivo.

A rigor caberia distinguir - do ponto de vista da atitude do ator (quem aplica os seus bens) - entre a aplicação financeira e o investimento.

Aquela seria um ato de natureza predominantemente financeira, em que o destino final do dinheiro é de importância tão-só enquanto fator de segurança e remuneração do capital.

Já no segundo caso, - o investidor propriamente dito - deseja colocar seus recursos a serviço de uma empresa, de uma atividade, sendo esta tão importante quanto o resultado obtido. Este investidor tem a característica do profissionalismo no exercício da atividade econômica em que o capital é aplicado. O requisito da prática profissional ou é inerente a um *status* (de comerciante, industrial, prestador de serviços etc.) ou decorre da atividade ser sistemática, e não ocasional. Não é necessário, também, que o empreendedor tenha essa (a do investimento) como única atividade, pois a mesma pode ser marginal ou acessória de outra.

A distinção, que não é científica, serve apenas para indicar *dois tipos de atitude* que correspondem, entre os acionistas, aos *"rendeiros"* e aos *"empreendedores"*, que encontramos no direito societário.

Como se verá mais adiante, no Brasil, o Banco Central registra apenas o que considera investimento produtivo. O investimento chamado de especulativo tem regime especial.

Numa definição, dada pelo Código de Conduta da OCDE sobre liberação da circulação de capitais[20] encontramos as referências à permanência e ao controle:

---

[20] Code of Liberalization of Capital Movements, adotado em 18/12/61, revisto e modificado; Paris: OCDE, 1993 p. 23 Anexo A, Lista A, Investimento Direto.

"Investimento, para o propósito de estabelecer *relações econômicas duráveis* com uma empresa tal como, em particular, investimentos que dêem a possibilidade de *exercer uma influência efetiva na administração* desta:

A - No pais afetado, por não residentes, por meio de:
1. Criação ou extensão de uma *controlada integral, integrada ou filial*, aquisição da totalidade de uma empresa existente;
2. Participação em uma nova empresa ou numa já existente;
3. Um empréstimo de cinco anos ou mais de *duração*.

B - No exterior, por residentes através de:
1. Criação ou extensão de uma controlada integral, subsidiária ou filial, aquisição da totalidade de uma empresa existente;
2. Participação em uma nova empresa ou numa já existente;
3. Um empréstimo de cinco anos ou mais de duração." (Meus grifos)

Dessa forma, vê-se que a *transferência* de recursos aparece vinculada à noção de *controle* de alguma empresa, ou a um empréstimo de longa duração (pelo papel que este desempenha na vida dessa).

A definição da OCDE dá ênfase à *durabilidade* das "relações econômicas" entre investidor e empresa. Ou seja, destaca o elemento temporal como característica do investimento, o que se vê também no MIGA[21].

A pedra de toque, nessa definição, entre o investimento especulativo e os demais, é a permanência ou durabilidade, o que não nos permite distinguir o investimento direto do indireto, como o permite a definição do FMI (cf. p. , infra).

---
[21] Art. 12 (a)

O investimento privado tem o motor do lucro, causa final de se o fazer. O particular não investe para o bem comum, mas sim para obter rendimentos e aumentar o seu patrimônio. Numa só palavra, para lucrar.

O investidor "rendeiro" mira a obter uma renda sem se envolver com a administração do seu capital, como faria um empreendedor ou empresário. Entretanto, ao contrário do que ocorre com o empresário, o investidor pode agir de modo ocasional ou esporádico no momento em que está fazendo o investimento.

Outra característica do investimento privado quanto à sua finalidade, é, pois, que este se submeta aos riscos do capital, pois se o investidor tem a vocação do lucro, não pode fugir à sina do eventual prejuízo. O elemento risco é destacado por alguns autores[22], embora a nosso ver não seja distintivo, pois é extremamente variável, e difícil de determinar, nos casos práticos, se existiu ou não.

Dessa forma, comprovamos que há critérios ligados à natureza, à origem e ao destino dos valores destinados ao investimento, e que são esses que permitirão distinguir entre a operação para investir, de outras.

Como ensina Lindert,

> "Os que elaboram balanços de pagamento definem o investimento direto estrangeiro como qualquer fluxo de empréstimo, ou aquisição de propriedade em empresa estrangeira que é predominantemente de propriedade de residentes do país investidor"[23]

Podemos concluir que há três elementos discriminadores: durabilidade, finalidade (ligada ao controle) e trânsito de valores através de fronteiras (ou, numa visão puramente econômica, fluxo de capitais de um para outro mercado, como dizem os economistas). Será este

---

[22] CARREAU, Dominique *et alii*, op cit. nota

[23] LINDERT, Peter H. "International Economics", 9th Ed. Burr Ridge, Illinois: Irwin, 1991, p. 567. Meu grifo.

elemento o que permitirá distinguir os investimentos locais dos internacionais.

1.1.3. Noção de Investimento Internacional

Os investimentos podem ser originários do mesmo ou de outro Estado. Neste caso são os investimentos estrangeiros.

O Fundo Monetário Internacional definiu investimento direto no exterior como sendo:

> "Os investimentos diretos efetuados com o propósito de adquirir uma participação durável numa empresa exercendo suas atividades no território de *uma economia diferente daquela do investidor*, o propósito deste sendo ter um poder de decisão efetivo na gestão da empresa"[24].

Dois elementos aparecem aí - a idéia de uma *transferência internacional de recursos* (em geral de natureza financeira - ou conversíveis nesta) e *a noção de controle*, que já comentamos.

Assim, uma das características do investimento internacional é o seu *trânsito* de uma economia nacional para outra, *atravessando fronteiras*. Estas costumam ser não só políticas como também monetárias[25].

É preciso, agora, que distingamos os investimentos feitos dentro de um País dos que se operam através de suas fronteiras. Estes são submetidos a um *duplo regime jurídico*, o do país de destino e o internacional; aqueles, a um único, o do Estado a que se submetem.

---

[24] "Manuel du balance de payements", Washington: FMI, 4ª ed. 1977, p. 136.

[25] Seria o caso, por exemplo de investimentos feitos numa zona aduaneira autônoma (cf. o conceito adotado pela OMC para distinguir determinados territórios) ou em um protetorado ou colônia que tivessem moeda diferente da potência dominante.

No investimento internacional, a par do duplo regime jurídico, há posições e interesses econômicos e jurídicos, diferentes e por vezes conflitantes, do país importador e do exportador de capitais (o qual pode ter legislação sobre a matéria, o que acrescentaria mais um sistema jurídico influenciando aquela operação).

Acrescem a esse relacionamento, complexo, os interesses do investidor e do destinatário do investimento, que podem ou não coincidir, ainda que no seio da mesma empresa[26].

O direito internacional dos investimentos, ramo do direito do comércio internacional, contempla as duas modalidades de investimentos: o nacional em território estrangeiro, ainda incipiente no nosso caso, e o estrangeiro no território nacional.

Para determinar se um investimento é ou não internacional, não se pode recorrer unicamente à nacionalidade das partes. O critério é fraco e insuficiente.

É o critério da residência ou domicílio do investidor que impera (com as necessárias reservas e limites) pois é o mais adequado. Foi ele o escolhido pelo legislador brasileiro.

Por outro lado, impõe-se aos bens objeto do investimento terem participado de um fluxo transfronteiras. Este se opera de modo real quase sempre, porém às vezes de maneira simbólica.

1.2. MODALIDADES DE INVESTIMENTO

Os critérios que acima apontamos permitirão, também, distinguir entre investimentos públicos e privados; industriais e outros; diretos e de Bolsa.

---

[26] Veja-se o caso das *joint ventures* em que eclodem conflitos.

1.2.1. Investimentos público e privado

As diferenças entre um e outro parecem tão evidentes que poderíamos nos perguntar se o substantivo é usado nas duas hipóteses com o mesmo sentido.

Este texto focalizará tão-só as aplicações de *origem privada*. Todas aquelas feitas por pessoas físicas caem nesta categoria, porém sabemos que as pessoas jurídicas podem ser de direito privado ou público.

A distinção entre bens públicos e bens particulares é antiga e encontramos suas raízes no direito romano. No Brasil, distinguem-se entre os bens públicos, os de uso comum do povo e, os de uso especial[27]. A distinção terá seu efeito, no caso de investimentos, como veremos.

Ora, nem todo investimento feito por pessoa jurídica de direito público é investimento público. Há que se ter presente o fim ou objeto das pessoas jurídicas, e verificar se executam, para o Estado que as criou, tarefas ligadas ao *jus imperii* ou atos de gestão privada (*jure gestionis*), pois aí os investimentos que fizeram entrarão numa ou noutra categoria[28].

A distinção, na atividade econômica do Estado, entre atos soberanos e atos de comércio é que predomina no direito internacional, e se aplica ao caso. Como se disse:

"O investimento público resulta de uma vontade soberana do poder público, e tem por objeto a satisfação de uma necessidade de interesse público; o investimento privado resulta da livre determina-

---

[27] Cód. Civil, arts. 65 e ss.

[28] O direito moderno tende a considerar alguns investidores como empresários (ou empreendedores) e este é um conceito amplo. Cassese fala em "superconceito" e afirma que há empresas "exercitadas por entes públicos", afirmando que empresa, no direito comum, tem "a característica de ser uma noção de direito comum - ou segundo outra terminologia, um superconceito - referido tanto ao direito civil como ao administrativo" (CASSESE, Antonio. "Novíssimo Digesto Italiano", vo. Ente Publico Economico, pp. 201 e ss., traduzi.).

ção da iniciativa individual e é orientado para a busca do lucro, beneficiando interesses particulares".[29]

As aplicações da Braspetro no Iraque, por exemplo, poderão ser vistas como investimentos públicos pelo Brasil, dada (não só a origem, como) a finalidade: localização de petróleo para satisfação de necessidades, e do óbvio interesse nacional brasileiro. Já, pelo Iraque ou por outros países, serão vistos como mero ato de empreendedor em busca de lucro.

A distinção entre atos *jure imperii* e *jure gestionis* a que aludimos é difícil, sempre difícil e controvertida[30]. A controvérsia será tanto maior quanto o for a diferença de regimes (de economia planificada ou livre) e de grau de desenvolvimento entre os Países envolvidos.

1.2.2. Investimentos industrial, comercial ou de serviços

Os três são, primariamente, de natureza privada, operações que se distinguem pelo destino dado às aplicações.

No primeiro, procura-se o lucro pelo crescimento ou criação de uma indústria, pela *produção* dos bens.

No segundo, a geração do lucro está ligada às exportações e ao comércio, à *circulação* econômica dos bens e serviços.

No terceiro, é a *prestação de serviços*, designação ampla que cobre desde a hotelaria e o turismo até os seguros, passando pela atividade bancária e muitas outras.

Por fim, será preciso examinar a forma do investimento e os modos de cooperação.

---

[29] CARREAU, Dominique. *et alii*, op. cit. pp. 364-5.

[30] Cf. a propósito, Soares, Guido F. S. "Das imunidades de jurisdição e execução", S. Paulo, 1980, Tese de Livre Docência, FADUSP.

1.3. FORMA DO INVESTIMENTO E NOVOS MODOS DE COOPERAÇÃO INTERNACIONAL

O investimento pode ocorrer de várias maneiras, como vimos. Entretanto, está, de há muito, *"na berlinda"*, e é alvo contínuo de ataques ou de solicitações. Uma das grandes disputas dos anos 60 era sobre se o que melhor convinha aos países em desenvolvimento eram os investimentos diretos como capital ou empréstimos.

Tal como se disse das Empresas Transnacionais, de que é um dos instrumentos de ação privilegiado, o investimento externo provoca uma *"síndrome de amor e ódio"*, que faz com que, bem analisadas as vantagens e desvantagens, governos de maior ou mais longa visão procurem apoiar novas formas de cooperação internacional em lugar do investimento puro e simples.

Essas incluem os contratos de serviço, os contratos de risco, as *joint ventures*, os *turn-key agreements*, os acordos de compensação, os acordos de cooperação técnica internacional e muitos outros.

Na verdade, essas soluções podem ser vantajosas para ambos os partícipes da relação: o país hospedeiro, porque tem certo controle sobre o destino do investimento e pode melhor assegurar sua soberania, o investidor, porque reparte ou diminui seus riscos ou obtém outras vantagens[31].

Essas fórmulas foram adotadas por países tão diferentes como o Japão e a Coréia do Sul, a Índia e o Paquistão, para mencionarmos os exemplos mais típicos.

As fórmulas mistas parecem ser mais atraentes, por terem a vantagem de, permitindo um equilíbrio entre os objetivos das partes, diminuir as conseqüências adver-

---

[31] BAPTISTA, Luiz Olavo "Les Joint Ventures dans les Relations Internationales". Tese, Paris, 1981, mim. *passim*. Do mesmo autor e mais DURAND BARTHEZ, Pascal, "Les Associations d'Enterprises (Joint Ventures) dans le Commerce International, 2ª ed., Paris: LGDJ, 1991, *passim*.

sas do investimento descontrolado, bem como as do fechamento da economia.

Por outro lado, há posturas, também com justificativas teóricas, que se voltam para uma atitude de repúdio às fórmulas associativas - a proibição dos contratos de risco para prospeção do petróleo, constante da Constituição de 1988, é um exemplo, outro tendo sido a antiga "Lei da informática".

Entretanto, mesmo os maiores críticos do investimento estrangeiro não negam a necessidade de capitais, e não deixam de almejar atraí-los. O que varia é a forma como serão aceitos mais facilmente.

Historicamente, há fases sucessivas em que, ora a sede de novos capitais faz com que os regimes se liberalizem e ponham menos restrições aos investidores estrangeiros, ora o impulso controlador do desenvolvimento ou da gestão da economia predomina, procurando canalizar ou represar os investimentos do exterior, para isso distinguindo-o do nacional.

Por isso é importante o estudo ou a recordação da história econômica, especialmente a do país, para, numa comparação das situações estruturais vividas, poder avaliar os resultados e examinar as novas soluções propostas.

Tudo se reduziria então à escolha, política, da fórmula justa para cada setor da economia. O erro residiria na generalização da fórmula - por exemplo, admitir contratos de risco onde este não existe ou é muito reduzido, ou proibir participações mais significativas daquele que aporte tecnologias novas.

Essas características fazem com que se possa considerar o investimento internacional, sob o prisma econômico, como parte do comércio (no sentido original e amplo do termo) internacional.

Todas essas características reúnem-se para conformar a noção econômica de investimento internacional, que atrás examinamos, através de seus elementos. Essa noção, porém, é incompleta, e antecede a jurídica.

2. Visão jurídica do investimento

O enfoque jurídico é difícil, porque a noção de investimento privado, como vimos, é predominantemente econômica.

Uma das dificuldades provém da diversidade das fontes de direito, por vezes falhas, por vezes mesmo antinômicas[32]. Apesar disto, chega-se a uma definição jurídica.

2.1. FONTES DO DIREITO DOS INVESTIMENTOS

A definição, do ponto de vista jurídico, pode ser deduzida ou originada nas fontes de direito internacional ou nas do direito interno.

2.1.1. Fontes internacionais

São estas, tradicionalmente, os tratados multilaterais ou bilaterais, os usos e costumes internacionais e os princípios gerais de Direito reconhecidos pelas nações civilizadas[33].

Até agora não se tem notícia da existência dos primeiros no campo dos investimentos internacionais,

---

[32] BARROS, J. Eduardo Monteiro de. "Regime do Capital Estrangeiro", *in* Direito Econômico, S. Paulo, EDUC, p. 166.

[33] Cf. art. 38 do Estatuto da C.I.J.

salvo no que se refere à garantia dos investidores, ou para restringir determinadas práticas que foram consideradas anticompetitivas.

Estas podem ser do Estado ou do investidor.

Essa lacuna explica-se por várias razões. Se de um lado definir o investimento é tarefa possível, regulamentá-lo é tarefa difícil, se não impossível[34], face à diversidade dos interesses em presença, que impedem o consenso entre os Estados, necessário para dar origem aos tratados e ao direito internacional público.

Por outro lado, há uma abundância de tratados bilaterais no que concerne a bitributação e a garantia dos investimentos, sendo o Brasil signatário de alguns deles, dos quais o mais significativo desta última categoria foi assinado com os EUA[35]. Entretanto, embora cada tratado sobre garantia de investimentos contenha regras diferentes em razão das relações de força presentes no momento de sua assinatura, há alguns elementos comuns a todos eles[36], por exemplo a preocupação com as expropriações[37].

É óbvio que as políticas nacionais dos diversos Países se projetam na negociação e celebração desses acordos. Dessa diversidade resulta certa incoerência.

Com efeito, alguns autores já apontaram o fato de que:

> "no ordenamento internacional, não resulta, por unânime e justificado consenso da doutrina, que se hajam criado ou que existam atualmente, normas

---

[34] BAPTISTA, Luiz Olavo. "Unification Internationale et harmonization du droit dans le domaine des societés multinationales", Vol. II dos Anais do 2º Congresso Internacional para a Unificação do Direito Privado, 1977; pp. 664/684.

[35] Promulgado pelo decreto n. 57.943, de 10.03.66.

[36] Migliorino, Luigi. "Gli Accordi Internazionali sugli Investimenti", Milão: Dott. Giuffré Ed. 1989, pp. 112 e ss.

[37] Emprega-se a expressão "nacionalisation", "nazionalizzazione", nacionalização, por expropriação. V. a propósito a dissertação de HELOU, Christiane Costa e Silva., citada na nota, p. 27.

gerais que vinculam os Estados a determinados comportamentos no que concerne à disciplina da circulação internacional de capitais"[38].

Entretanto, se a "liberdade de circulação dos capitais" é ampla, algumas tentativas para restringi-la ou direcioná-la já nasceram de consenso amplo, como se vê de algumas disposições do Estatuto do FMI[39] que reconhecendo - ou assegurando - aos Estados a liberdade de regular os movimentos de capital, obrigam-se (certamente como garantia dessa liberdade) a não impor restrições sobre os pagamentos e transferências através de operações internacionais correntes[40].

Convém mencionar, ainda que sumariamente, os limites à liberdade do Estado em matéria de legislação relativa aos investimentos.

Há limites de ordem material: não se pode compelir alguém a investir, não se pode legislar extrafronteiras, etc. Há também os decorrentes de normas de direito internacional. Aquelas relativas às garantias dadas ao investidor, nos casos de expropriação, repatriação de lucros, e outras serão vistas mais adiante.

Tais limites de certa forma determinam o campo dos investimentos internacionais, e por isso, ao excluir determinadas operações, tornam mais fácil a conceituação.

No que concerne às medidas concernentes aos investimentos ligadas ao comércio internacional (as TRIMS, segundo a terminologia da OMC), foram contempladas duas linhas de conduta dos Estados: a concessão de incentivos para investimento e a exigência de *performances* exportadoras.

---

[38] PICONE, Paolo. "Movimenti di Capitali e investimenti esteri." *In* Diritto Internazionale dell'Economia. Milão, Franco Angeli Ed. 1982, p. 782. (n/trad).

[39] Art. VI, sec. 3; VII seção 3, "b"; VIII, seção 2 e XIV, seção 2.

[40] Cf. a propósito CARREAU, Dominique. "Souveraineté et Coopération Monétaire Internationale", Paris, 1970, pp. 287 ss.

Essas, hoje, representam restrições impostas pelo direito internacional aos Estados parte daquela organização internacional.

No tocante aos incentivos para investimento, têm sido empregados subsídios, consistentes em doações (ou aplicações a fundo perdido), prioridade no acesso ao crédito, isenções ou reduções fiscais, financiamento às atividades dos exportadores, e outras medidas destinadas a esse fim, numa longa lista que foi objeto de grandes discussões[41]. Ao que parece, elas ainda se prolongarão no futuro, pois o debate sobre o impacto das regulamentações nacionais sobre investimentos nos fluxos comerciais internacionais decorre de interesses muito fortes e ligados ao destino e projeto dos países envolvidos. É de se indagar se esse impacto causa distorções, havendo quem afirme que sim e quem as negue; inquire-se em que condições essas ocorrem.

Perquire-se sobre a contribuição que tais medidas acarretam, para o processo de desenvolvimento e que efeitos terão como práticas anticompetitivas. São questões ainda em aberto, do que resultou um texto de compromisso, mas que já terá seus efeitos no comércio internacional. É o julgamento de casos concretos pela OMC, no curso do tempo, que permitirá obter algumas respostas.

Cabe ressaltar que um quadro exaustivo das soluções adotadas pelos Estados - cujo papel preponderante o leitor já terá intuído - indica características que correspondem às metas ou objetivos das políticas econômicas desenvolvidas na ocasião por cada País.

Já mencionamos atrás que estas soluções serão classificáveis, de acordo com o conteúdo, em normas incitadoras, de controle (em geral neutras) e de repulsão ao investimento.

---

[41] United Nations. The Impact of Trade-related Investment Measures, N. York: UN Publication ST/CTC/120, 1991, Sales Nº E.91.II.A.19.

Mas melhor se observará esse problema do prisma das normas internas.

Poderíamos ainda lembrar a obrigação a que se impuseram os membros da OCDE de obedecer ao *Código da liberdade de movimentos do capital*[42] que aprovaram; ou a que decorre, para os participantes do Pacto Andino, do chamado *Código de investimento*[43].

Com exclusão desses e dos acordos bilaterais a que atrás se aludiu, nada mais se respiga, que consista numa regulamentação internacional do investimento internacional onde pudéssemos ir buscar elementos para uma definição.

Entretanto, esses textos encarecem dois aspectos do investimento: a liberdade de sua movimentação e o aspecto de deslocamento de valores econômicos para obtenção de determinadas finalidades, entre elas, principalmente o aumento do valor investido, ou a *"remuneração do capital"*, ou o lucro, tal como nos conceitos econômicos.

Um conceito, assim, poderia ser deduzido a partir dos critérios estabelecidos para definir quais valores econômicos são objeto do deslocamento, e de que a recepção ou o envio desses valores é direito subjetivo do Estado, atributo da soberania, e portanto livremente[44] regulamentável do ponto de vista jurídico[45].

---

[42] Já citado na nota 20, p. 32.

[43] Resolução nº 24 de 31 de dezembro de 1970, da Comissão do Pacto de Cartagena.

[44] Liberdade essa muito relativa, bastando atentar para as restrições criadas pelo direito internacional, por exemplo pelo acordo constitutivo do FMI, ou por aqueles da OMC, em especial o TRIMS (Trade Related Investment Measures).

[45] Essa liberdade, como todas em matéria de direito, encontra limites materiais e legais. Estes decorrem da própria estrutura do direito do comércio internacional, e de normas criadas pela prática internacional. Estas recentemente se viram objeto de uma tentativa - que parece bem sucedida - de codificação. Refiro-me ao TRIMS.

2.1.2. Fontes internas

Estas são abundantes, pois é tema que cada País, especialmente os em via de desenvolvimento, tem que tratar com cuidado.

Em todos os Países há uma regulamentação cambial que abrange os investimentos estrangeiros ou uma regulamentação específica destes.

Aí vamos encontrar mais facilmente a definição que procuramos. Não é essa, porém, uma definição universal, ou única, mas sim, local. Logo, há várias definições, ou estas divergem conforme o local (e a época).

Não é preciso ressaltar que essa diversidade legislativa faz com que os problemas surgidos nesse campo sejam de mais difícil solução.

À diversidade semântica, à qualificação diferente dada pelos vários Estados ao fenômeno, soma-se a repercussão das respectivas políticas sobre a matéria que inspira a forma como a regulamentam.

A situação, criada na ordem internacional, de equilíbrio formal entre os Países - tratados como iguais - e a liberdade, reconhecida pelo Direito Internacional, dos Estados de regular, cada qual segundo seus interesses, a movimentação de recursos e capitais[46], é um fenômeno fundamental, como elemento normativo e estrutural da disciplina internacional das relações internacionais, especialmente as econômicas.

Interessante notar que, na fase histórica anterior à II Guerra Mundial, o papel relativo dos investimentos era menor.

A lacuna que ainda hoje existe na regulamentação da matéria no plano internacional se fazia menos, e as contradições inerentes à sistemática adotada ainda não eram percebidas, ao menos com nitidez.

---

[46] Lembre-se que essa liberdade tem seus limites, como já se apontou na nota 45.

Depois da II Grande Guerra, a situação muda, pois os princípios da liberdade de comércio exportador, impostos pela hegemonia dos EUA aos seus aliados europeus, e o processo de descolonização geraram um movimento fantástico de capitais. Por vezes, o que era simples movimento de capital no interior de um País tornou-se investimento no exterior em razão do acesso à independência das colônias. Estas mesmas nações novas, e outras, antigas, mas de economia incipiente, passaram a propor-se programas de desenvolvimento econômico.

A falta de regras, decorrente da assim chamada livre circulação do capital, mostrou que na realidade as leis que efetivamente imperam na matéria são as da economia, e não as do direito.

O contraste entre a proposta de igualdade formal deste e a realidade de desigualdade da outra tornou-se claro.

Chegamos a um quadro em que a mera igualdade formal entre os Estados serve, tão-só, para esconder e garantir a existência de uma desigualdade substancial.

Para não nos alongarmos neste tema, objeto de muitos estudos e debates, convém resumir as conseqüências que esse conflito pode trazer e traz.

A primeira toca o reflexo que as normas vigentes atribuem ao papel que os Estados desenvolvidos, os países do "Norte", desempenham de fato, influenciando as escolhas políticas e econômicas dos demais países, "do Sul", e, ao mesmo tempo, os fluxos e refluxos dos investimentos e a organização dos mercados internacionais.

Em seguida, cabe atentar para o fato de que essa influência restringe a assim chamada, *liberdade de movimento dos investimentos,* a faculdade de assumir encargos e obrigações e de exercer direitos, dos diversos Estados no quadro das relações multilaterais. Essas restrições são nítidas no seio das organizações internacionais especialmente nas ligadas à economia, como o FMI e a OMC.

Por último, a situação de concorrência, em que se encontram sobretudo os Estados hospedeiros face ao fluxo de investimentos, que os enfraquece na proporção de normas reguladoras. As raras tentativas de cooperação - como o Pacto Andino - entre países em desenvolvimento enfrentam obstáculos consideráveis quando tentam afirmar-se independentes ou autônomas.

Essas restrições recaem diretamente sobre a liberdade real de equacionar dois dos problemas jurídicos fundamentais nesse campo: o tratamento e a proteção conferida aos investimentos.

É nesse quadro que surge uma noção jurídica do que é investimento internacional.

2.2. CONTEÚDO DE UMA DEFINIÇÃO JURÍDICA

Em razão dos condicionamentos acima expostos, um exame das regulamentações existentes apontará para a ocorrência de dois métodos de definição: o que recorre às características gerais dos investimentos e o que contém a enumeração de bens específicos, limitando a margem de discrição dos órgãos administrativos.

No Brasil, recorreu-se ao segundo sistema. Ele foi estabelecido pela Lei 4.131, de 1962, complementada pela Lei 4.390, de 1964.

Assim é que a lei brasileira (nº 4.131/62[47]) considera como capitais estrangeiros:

a) os *recursos financeiros ou monetários*, introduzidos no país *para aplicação em atividades econômicas;*
b) os *bens, máquinas e equipamentos* entrados no

---
[47] Sempre que mencionarmos a Lei 4.131 doravante será a versão emendada pela Lei 4.390, de 1964, que nos referiremos.

Brasil sem dispêndio inicial de divisas, *destinados à produção de bens ou serviços;*

Os quais devem *pertencer a pessoas* físicas ou jurídicas, *residentes, domiciliadas ou com sede no exterior.*

Cabe lembrar, então, que a noção de bens do nosso direito inclui tanto os corpóreos como os incorpóreos, entre estes - especialmente -, os direitos das propriedades intelectual e industrial; caberá lembrar ainda a divisão entre os fungíveis, entre os quais a moeda é o exemplo excelente, e os infungíveis além da divisão entre móveis e imóveis - estes dificilmente se adaptando à idéia de investimento internacional -, divisíveis e indivisíveis, singulares e coletivos, públicos e particulares, e *extracomércio*[48].

Veremos, mais adiante, que o tratamento dado aos bens incorpóreos pela legislação brasileira sobre investimentos é especial. A noção econômica foi recuperada pela lei, como se verá no caso brasileiro.

A fungibilidade dos bens não afeta o seu uso como investimento, assim como não o fazem a divisibilidade ou o seu caráter singular ou coletivo.

Ademais, podemos observar a importância da distinção, corrente no direito privado, entre bens *"in comercio"* e *"extracomércio"*, pois como é óbvio, os últimos não podem servir para investimentos.

Também importa distinguir a licitude ou não da propriedade ou posse dos valores investidos. Não basta a preocupação tradicional, que encontramos no direito penal entre bens adquiridos de forma lícita e ilícita, pela prática de delitos, a qual repercute na órbita do direito privado; hoje acentua-se, no âmbito do direito internacional, como no do interno, o cuidado quanto aos bens de origem criminosa, obtidos em atividades aparentemente legítimas, como aqueles oriundos do narcotráfico ou adquiridos abusivamente por ditadores e governan-

---
[48] Cf. Cód. Civil, arts. 43 e ss.

tes, submetidos em seguida ao processo de "lavagem". Essa implica maior indagação.

Estes bens, de origem criminosa, são tratados de modo especial pelas legislações, o que se aplica também em relação aos investimentos, sendo negada aos seus titulares a garantia do direito de propriedade, o confisco sendo, inclusive, previsto pelas legislações mais modernas e por tratados internacionais[49].

Sobre o que consiste no investimento estrangeiro, Egberto Lacerda Teixeira, dizia que :

> "há, pois, quatro categorias principais de capital estrangeiro: (a) os investimentos diretos sob a forma de bens de capital, máquinas, equipamentos; (b) os investimentos diretos sob a forma de recursos econômicos ou financeiros, isto é, dinheiro e crédito; (c) os empréstimos e financiamentos em moeda estrangeira; (d) a aplicação tecnológica, sob a forma de contratos de assistência técnica, administrativa, científica ou profissional; os contratos de licença de marcas, patentes e processos industriais"[50].

Há, entretanto, no sistema brasileiro, dois conceitos de capital estrangeiro: aquele que goza da proteção legal, concedida pela Lei 4.131/62 (garantia de câmbio e autorização para repatriação do investimento e dos seus lucros), e aquele que se constituiu ao arrepio dessa lei, desprovido da garantia de acesso ao câmbio para repatriação do capital investido e dos seus frutos. Daí ter surgido a expressão "capital contaminado" para designar o que não é passível de registro.

O reconhecimento dessa realidade é tardio, e nenhum dos autores consultados quando da elaboração deste trabalho fez essa distinção. Em geral o "capital

---

[49] Veja-se a propósito a Convenção de Viena de 1988, sobre a repressão ao tráfico de substâncias entorpecentes.

[50] "Regime Jurídico Fiscal dos Capitais Estrangeiros no Brasil", RT 463/25, p.27.

contaminado" é aquele que entrou como moeda nacional, objeto de operações de câmbio num dos países vizinhos, ou de operações de compensação freqüentes e conhecidas como "bicicletas", e que consistem numa forma disfarçada de compensação[51].

O conceito da Lei 4.131 representou inovação no direito brasileiro, vindo resolver certos problemas que um estudo antigo da FIESP-CIESP já apontava:

> "... existem também aqueles que julgavam necessárias definições mais precisas. Assim é que uns opinavam que unicamente o capital financeiro, e não também os equipamentos, etc., devesse ser definido como capital estrangeiro; alguns outros acreditavam estarem certos ao afirmar que quaisquer tipos de capital, desde que oriundos do exterior, deveriam ser classificados como capital estrangeiro, fossem equipamentos, dinheiro, máquinas, empréstimos, financiamentos ou créditos"[52].

Entretanto, a enumeração acima é, a nosso ver, incompleta, eis que o art. 7º da Lei 4.131 equipara ao capital estrangeiro - e pois considera-os como o sendo - os *reinvestimentos*, que naquela norma são definidos como:

> "os rendimentos auferidos por empresas estabelecidas no País e atribuídos a residentes ou domiciliados no exterior e que forem reaplicados nas mesmas empresas de que procedem ou em outro setor da economia nacional".

É o que se chama de investimento secundário.

No tocante ao investimento primário, exige-se o *efetivo ingresso do País* dos bens e valores vindos do

---

[51] Foi proibida pelo Decreto 53.451/64 e depois pelo Decreto 55.762/65.

[52] "Investimentos estrangeiros no Brasil", Cadernos Econômicos, nº 1, 2ª ed. São. Paulo: Serv. Publicações da FIESP - CIESP, 1971, p. 9.

exterior, enquanto nos investimentos secundários ocorre a *reaplicação*, aqui, de lucros que *poderiam ter sido remetidos*: ocorre aí uma operação em que há a saída e o retorno, simbólicos, dos valores[53] objeto do chamado, por isso, reinvestimento.

Ficam excluídas do conceito de investimento, em razão da exigência do ingresso efetivo, certas operações, por exemplo, as importações, quando, nestas, o ingresso do bem é vinculado à contrapartida da remessa do preço da importação.

É interessante notar que há, aqui, um elemento temporal que permitirá efetuar a distinção. A noção de investimento prevê um retorno do mesmo. Ninguém investe a fundo perdido. O retorno é, porém, limitado ao sucesso do empreendimento.

Se o investidor não obtiver sucesso, não terá lucros, poderá vir a consumir a soma investida, pagando os custos da operação, e não terá retorno. Ao contrário, se for bem sucedido, terá o retorno não só do capital empregado como do seu lucro.

Há uma noção de *permanência*, de extensão temporal associada ao retorno do investimento, fixando um termo para este, ao passo que, na importação, os bens vêm com a contrapartida do preço, pago imediatamente, ou quase, ou até antecipadamente.

Há, entretanto, casos em que se prevê uma expectativa de retorno rápido do investimento: é o caso das aplicações financeiras, regulamentadas no Brasil pelo Decreto-Lei 1.986, de 28/12/1982[54].

---

[53] Por isso mesmo o Banco Central exige que se façam operações de câmbio simbólicas para a compra e a venda das divisas pelo investidor. Essas operações depois são contabilizadas na balança de pagamentos com o ingresso de capital, e também como repatriação de lucros.

[54] Este decreto-lei concede isenção às pessoas jurídicas ou físicas que, não tendo domicílio, participarem de sociedades de investimentos, reguladas pelo art. 9º da Lei 4.728/65, matéria objeto, já do art. 18 do Decreto-Lei 1.338 de 25/7/1974, e do Decreto-Lei 1.401/75 cujos artigos 1º, 2º, 3º, 5º, 6º e 7º foram revogados.

Nas duas hipóteses, do investimento e do reinvestimento, a *destinação* há de ser *econômica*, isto é, a produção de bens, serviços ou de outras atividades lucrativas.

As remessas para cá feitas para fins caritativos, doação, auxílio ou outros fins que não sejam a atividade econômica, não gozam da proteção da lei como investimentos.

A este propósito a Firce vai desenvolvendo uma orientação administrativa que, pouco a pouco, aponta as atividades que são consideradas, ou não, como econômicas. Foi o caso, por exemplo, das remessas de capitais feitas por argentinos e uruguaios para compra de imóveis no Brasil, às quais o banco negou registro.

Pode-se registrar, também o caso das *holdings*, onde os investimentos são, expressamente, admitidos a registro em função da Circular 1.339/88 do Banco Central.

Ademais, o Banco Central distingue, com discricionariedade por vezes criticada pela sua amplitude, os investimentos "produtivos" dos "não-produtivos".

Por outro lado, a administração também tem procurado, com coerência, definir o que são os *bens* a que se refere a norma citada.

Conhecimentos tecnológicos, marcas, patentes, têm sido por vezes considerados como *bens* do ponto de vista do registro de capital estrangeiro. Mas, para esse efeito, é preciso que preencham determinados requisitos: o primeiro dos quais é o estabelecimento do seu valor[55].

Poder-se-ia pensar - e do ponto de vista jurídico é correto - que tais bens fossem avaliados por peritos, tal como se faz para a incorporação de bens às sociedades comerciais[56].

---

[55] Ver, a propósito, o estudo pioneiro do grande especialista em propriedade industrial, BARBOSA, Denis Borges, Direito de Acesso do Capital Estrangeiro, Direito do Desenvolvimento Industrial, vol. I, Rio de Janeiro: Lumen Juris,1996, pp. 20 e ss.

[56] V. Lei 6.404/76 - arts. 7º e 8º.

Essa não tem sido, entretanto, a orientação do Banco Central, que exige a exibição do Contrato de Cessão de Marcas ou Patentes, ou processo, devidamente registrado no INPI, como condição para o registro[57]. O valor será o que se deduzir do contrato. A perícia é feita, pois, apenas pelo INPI, com o que se evitam as fraudes possíveis se outro fosse o critério.

Denis Borges Barbosa doutrina, sintetizando, que:

> "a lei define analiticamente o que se entende como capital estrangeiro; para tanto é necessário:
> subjetivamente, que pertença a pessoas físicas ou jurídicas residentes, domiciliadas ou com sede no exterior;
>
> objetivamente, que se constitua
> 1) em bens, máquinas, equipamentos, entrados no Brasil sem dispêndio inicial de divisas;
> 2) ou em recursos financeiros ou monetários introduzidos no país;
>
> quanto à finalidade,
> 1) que se destinem à produção de bens ou serviços, no caso de bens físicos; ou
> 2) que se destinem à aplicação em atividades econômicas, no caso de recursos financeiros ou monetários."[58]

Do exposto, podemos extrair as características que marcam o investimento como estrangeiro:

a) o *ingresso*: efetivo (ou reinvestimento) e desvinculado;

b) o *destino*: econômico - produção de bens ou serviços, e

---

[57] V. a propósito o texto de Barros, J. E. Monteiro de, "Regime do Capital Estrangeiro", citado, pp. 171 e 183-186.

[58] Direito de Acesso do Capital Estrangeiro, Direito do Desenvolvimento Industrial, vol. I, Rio de Janeiro: Lumen Juris, 1996, p. 23.

c) a *procedência*: do exterior;
d) o tempo de *permanência*;
e) a propriedade ser de *pessoa domiciliada ou com sede no exterior.*

Capítulo II

O regime do investimento estrangeiro no Brasil

O investimento se faz e se desfaz, vem e vai, como fluxo econômico de recursos que é.

Faz-se o investimento, ou investe-se, num complexo de operações pelas quais uma pessoa física ou jurídica, o investidor, afeta, de modo permanente e sujeito a normas jurídicas próprias, certos bens ou valores, destinando-os ao exercício de uma atividade econômica.

Tratando-se de ato ligado à vida de uma empresa, no sentido econômico da expressão, podemos falar em constituição de um investimento.

Uma e outra operação são estreitamente ligadas, e são, em geral, examinadas de perto pelo investidor antes de tomar a decisão de investir.

O país hospedeiro também avalia o seu interesse e o do investidor para estabelecer as regras relativas às duas modalidades.

A liquidação forçada e sem indenização, ou a proibição de liquidação são formas de expropriação. Chocar-se-ão, então, eventualmente, com a ordem pública internacional.

Assim é que certos autores afirmaram que

"a constituição dos investimentos internacionais relaciona-se com a opção política do país hospedeiro, enquanto que a liquidação dos investimentos internacionais deriva de obrigações internacionais do Estado hospedeiro"[59].

---

[59] CARREAU *et alii*, op. cit. p.372.

No Brasil, estabeleceram-se regras que asseguram ao investimento do estrangeiro aquelas garantias que a prática internacional consagrou. A Lei 4.131 estabelece regras segundo as quais o investidor obtém a garantia legal de repatriação do capital e dos lucros.

Para melhor compreensão dessas operações, é preciso ver o conceito de investidor (item 1) e o de registro, forma de constituição do investimento estrangeiro (item 2). A Constituição estabelece a proteção face às desapropriações e ao confisco, que examinaremos ao abordar o tema da liquidação dos investimentos (item 3).

1. Conceito de investidor

A lei dispõe que o capital estrangeiro - acima conceituado - é o vindo do exterior.

Assim, a primeira idéia que nos ocorre é a de que o investidor deve ser estrangeiro. Entretanto, a verdade não é bem essa: a lei fala em capital *pertencente a pessoas físicas ou jurídicas residentes, domiciliadas ou com sede no exterior*. Assim, em princípio, quem é estrangeiro é o capital: trata-se aí de *procedência*, e não de nacionalidade. Esta, entretanto, sempre terá um papel a desempenhar, como veremos mais adiante.

Atribuída a denominação de "estrangeiro" aos investidores cujo capital seja proveniente do exterior, pessoas físicas ou jurídicas, o conceito de domicílio ou residência (§ 1º) precede o exame do papel desempenhado pela nacionalidade na questão (§ 2º).

1.1. O DOMICÍLIO E A RESIDÊNCIA

Cabe indagar, desde logo se a definição de domicílio ou residência, neste caso, será a da lei brasileira.

Com efeito, a Lei de Introdução ao Código Civil (LICC) faz algumas menções às noções de residência de domicílio:

"Art. 7º A lei do país em que for domiciliada a pessoa determina as regras sobre começo e fim da personalidade, o nome, a capacidade e os direitos de família.

...

§ 8º quando a pessoa não tiver domicílio considerar-se-á domiciliada no lugar de sua residência ou naquele em que se encontre.

Art. 8º Para qualificar os bens e regular as relações a eles concernentes, aplicar-se-á a lei do país em que estiverem situados.
§ 1º Aplicar-se-á a lei do país em que for *domiciliado* o proprietário em relação aos bens móveis que ele trouxer ou se destinarem a transporte para outro lugar." (meu grifo)

No direito brasileiro, a primeira noção de domicílio que nos ocorre, como é óbvio, é a regra geral, aplicável às pessoas naturais, encontrada no art. 131 do Código Civil:

"O domicílio civil da pessoa natural é o lugar onde ela exerce a sua residência com ânimo definitivo"[60],

Já em relação às jurídicas, a situação difere, pois a sede das pessoas jurídicas que corresponde usualmente ao seu domicílio, segundo o art. 11 da Lei de Introdução ao Código Civil, é definida pela *"lei do estado em que se constituírem"*.

No Brasil, segundo dispõe o nº IV do art. 35 do mesmo Código é

"... o lugar onde funcionarem as respectivas diretorias e administrações, ou onde elegerem domicílio especial nos seus estatutos ou atos constitutivos"[61].

---

[60] V. também os arts. 32 e ss. do mesmo Código, e o art. 7º, §§ 7º e 8º da LICC.

[61] A este propósito, V. os §§ 3º e 4º do artigo citado, assim como o art. 100, IV, *b* do CPC, e a Súmula 363 do STF, que estabelece o domicílio da pessoa jurídica, para fins processuais.

Mas o conceito de domicílio da Lei Civil não é único na legislação brasileira: tem-no também, entre outras, a Lei Tributária. Assim é que o CTN estabelece, no seu art. 127, o conceito de *domicílio tributário* como sendo:

"Art. 127 - Na falta de eleição, pelo contribuinte ou responsável, de domicílio tributário, na forma da legislação aplicável, considera-se como tal:
I - quanto às pessoas naturais, a sua residência habitual, ou, sendo esta incerta ou desconhecida, o centro habitual de sua atividade;
II - quando às pessoas jurídicas de direito privado ou às firmas individuais, o lugar da sua sede, ou, em relação aos atos ou fatos que derem origem à obrigação, o de cada estabelecimento; ..."

A leitura do dispositivo chama nossa atenção para alguns aspectos em relação às pessoas físicas: a possibilidade de eleição do domicílio (que pode coexistir com o civil), a coincidência do conceito com o da legislação civil *"sua residência habitual"*, e a noção mais moderna e adequada de *"centro habitual de sua atividade"*. Quanto à pessoa jurídica, não há discrepâncias face ao conceito civil, que é ampliado para considerar os estabelecimentos de forma separada.

A noção é ainda contemplada na esfera tributária, no âmbito mais restrito da tributação de rendimentos, no R.I.R.(Regulamento do Importo de Renda), onde existe a noção de *domicílio fiscal*[62], para caracterizar determinados contribuintes e suas obrigações.

A legislação sobre imposto de renda estabelece, ainda, as condições para a tributação dos *domiciliados ou residentes* no exterior.

---

[62] Os arts. 2º e 96 do RIR Decreto 85.450/80 como o fazem os artigos 29 e 174, citados, do Decreto 1041/94 já definiam o domicílio fiscal da pessoa física e jurídica, respectivamente.

Para o brasileiro ou para o estrangeiro domiciliado no Brasil, em geral é a retirada *em caráter definitivo*, a que aludem os arts. 29 e 174 do Decreto 1.041/94, que o configura, estabelecendo-se daí certas obrigações fiscais secundárias, a partir do que a pessoa é considerada residente ou domiciliada no exterior. Nos diferentes parágrafos do artigo 13 do RIR estão mencionadas as exceções: pessoas que embora residam permanentemente, ou quase, no exterior, fazem-no a serviço de empresas ou do governo brasileiro.

Há também o *domicílio processual* a que se referem os parágrafos do art. 94 do CPC (Código de Processo Civil), e que para o nosso tema não apresenta maior interesse.

Não será preciso recorrer à doutrina para caracterizar, a este passo, as noções a que nos referimos.

O domicílio a que se refere a Lei 4.131 é o civil, qualificado e especificado pelos elementos da legislação tributária. A legislação brasileira será então aplicada, sempre com caráter negativo, visando a estabelecer quando o investidor *não* é domiciliado no Brasil, para que se considere estrangeiro para o efeito da norma cambial. Com efeito, onde e como é domiciliado no exterior, não interessa à autoridade cambial, pois esta examina a procedência do capital, e não o local do domicílio do aplicador dos recursos.

Dessarte, a pessoa natural com residência ou domicílio no exterior - ainda que brasileira - que efetuar remessa para cá de capitais ou recursos financeiros, bens, máquinas ou equipamentos, para os efeitos da legislação cambial é o *investidor estrangeiro* (melhor seria dizer, *investidor do estrangeiro*).

Uma hipótese particular pode ocorrer: o estrangeiro, domiciliado no exterior, que havia feito investimento aqui e registrado o mesmo no Banco Central, muda-se para o Brasil.

O registro, dizem alguns, fica cancelado. Outra opinião[63], a qual adotamos, é a de que se opera uma suspensão. Os efeitos do registro deixam de existir enquanto o investidor estiver residindo ou domiciliado no Brasil; voltarão a operar no momento em que o investidor retornar ao exterior, para lá residir ou domiciliar-se.

Finalmente, pode-se afirmar que, à luz da regra de procedência exposta, as importâncias que pessoas residentes ou domiciliadas no país façam vir para cá não serão havidas como investimento estrangeiro. Falta a essas pessoas o requisito da residência ou domicílio para que suas remessas sejam classificadas nessa categoria.

É por isso que, buscando a proteção da lei para os riscos cambiais do investimento, muitas pessoas que possuem recursos fora do país investem através de pessoas jurídicas situadas no exterior, as quais preenchem o requisito de localização da sede fora do território nacional. É de se pensar se, numa época de crise cambial, não poderia ocorrer a alguém, no Banco Central, recorrer ao conceito de controle efetivo para determinação da origem do capital. A final, o tema que já foi objeto até mesmo de processo perante a CIJ[64], leva-nos a refletir sobre a nacionalidade do investidor.

1.2. PAPEL DA NACIONALIDADE

Poder-se-ia concluir do acima exposto que a nacionalidade nada tem a ver com o investidor estrangeiro, o que não é exato.

A nacionalidade desempenha um papel no que concerne ao acesso de capital a determinadas ativida-

---
[63] BARROS, J. E. Monteiro de, no art. citado, p.170. No mesmo sentido, TEIXEIRA, Egberto L., op. cit., p.28.

[64] V. o caso "Barcelona Traction"

des[65]. Noutras, o domicílio é também exigido como condição de acesso. Não iremos agora relacionar todas as atividades vedadas aos estrangeiros, mas é bom lembrar que algumas das proibições opostas aos investidores estrangeiros decorrem de preceitos constitucionais conhecidos. Enumeração essa meramente indicativa e que não esgota as restrições existentes.

Finalmente há que considerar o reconhecimento da personalidade jurídica da entidade investidora estrangeira. Trata-se de *vexata quaestio* em direito internacional, ainda não resolvida de todo pela doutrina, apesar de bem equacionada[66].

No Brasil não há norma específica a respeito da atuação esporádica das sociedades. A LICC manda que as pessoas jurídicas *obedeçam à lei do estado em que se constituírem*[67], mas, parágrafo do mesmo artigo dispõe que:

"não poderão, entretanto, ter no Brasil filiais, agências ou estabelecimentos antes de serem os atos constitutivos aprovados pelo governo brasileiro".

A Lei 4.131, entretanto, autoriza genericamente as *"pessoas .... jurídicas.... domiciliadas ou com sede no exterior"* a efetuar remessa de capitais do País de origem para o Brasil, repatriar seus lucros, registrar o investimento etc.

Com isso admite, implicitamente, a personalidade jurídica das sociedades ou outras entidades, desde que, segundo a norma conflitual acima citada, *"obedeçam a Lei do Estado em que se constituírem"*.

---

[65] O art. 176, § 1º da C.F. reserva para brasileiros a exploração de minerais; o art. 178, §§ 2º e 3º, a navegação costeira; o art. 222, a posse e administração de meios de comunicação; o art. 20, § 2º, limita a propriedade de terras, bem como as atividades industriais e comerciais na zona de fronteiras; o art. 177 constitui como monopólio da União a prospecção, extração, refino e distribuição do petróleo.

[66] V. LOUSSOUARN, Y. "La Condition des Personnes Morales en Droit International Privé", RCADI, T 96, 1959, I, pp. 443 e ss.

[67] Art. 11, LICC.

Nesse mesmo sentido corre a norma do Decreto-Lei 341, de 17 de março de 1938, o qual *"regula a apresentação de documentos por estrangeiros ao Registro do Comércio"*. Supera-se, assim, o problema. Ingressando, o investimento pode ser constituído; para comprovação disso, deve ocorrer o processo de seu registro.

1.3. RESTRIÇÕES DE ACESSO AOS INVESTIMENTOS ESTRANGEIROS

A regra geral do direito brasileiro é a da igualdade entre o investidor do exterior e do local, ou seja, a regra do tratamento nacional. O princípio é afirmado pelo artigo 2º da Lei 4.131/62, e foi reafirmado no artigo 78 da Lei 8.981/95, e mais recentemente pelo artigo 18 da Lei 9.249/95, que asseguram tratamento fiscal idêntico aos residentes e não-residentes que investem no País. Entretanto, no que concerne ao acesso, há diferenças de tratamento. Além das áreas que as constituições brasileiras, historicamente estabelecem, em que as atividades econômicas são consideradas privativas do Estado, outras são reservadas aos brasileiros, ou a empresas por estes controladas, em razão de sua importância política ou estratégica. As demais atividades são livremente acessíveis.

1.3.1. Áreas privativas de atuação do Estado

O artigo 177 da Constituição Federal define como de monopólio da União as atividades de:

"I - pesquisa e lavra das jazidas de petróleo e gás natural e outros hidrocarbonetos fluidos;
II - a refinação do petróleo nacional ou estrangeiro;

III - a importação e exportação de produtos e derivados básicos resultantes das atividades previstas nos incisos anteriores;
IV - o transporte marítimo do petróleo bruto de origem nacional ou de derivados básicos de petróleo produzidos no país, bem assim o transporte, por meio de conduto de petróleo bruto, seus derivados e gás natural de qualquer origem;
V - a pesquisa, a lavra, o enriquecimento, o reprocessamento, a industrialização e o comércio de minérios e minerais nucleares e seus derivados".

Entretanto, desde a Emenda Constitucional nº 9, de 9 de novembro de 1995, as atividades referidas nos incisos I a IV podem ser objeto de contrato com empresas estatais ou privadas, segundo regras estabelecidas por lei. Essa Emenda Constitucional eliminou o antigo § 1º do artigo 177 que proibia a celebração de contratos de risco[68].

O Artigo 21 da Constituição, ao fixar as competências da União, sem uso da expressão monopólio, reserva para esta certas atividades, que podem entretanto ser objeto de concessão.

Podemos destacar, dentre essas, as atividades de telecomunicações, radiodifusão, correios, serviços e instalações de energia elétrica, navegação aérea, aeroespacial, aeroportos, portos marítimos e fluviais, serviços de transporte de passageiros rodoviário interestadual e internacional, ferroviário e aquaviário entre portos brasileiros e fronteiras nacionais, ou interestaduais, além das atividades nucleares, acima referidas.

Em muitas dessas atividades, a exploração econômica pode ser objeto de concessão a empresas brasilei-

---

[68] Estes eram utilizados pela Petrobrás desde 1976, e celebrados com empresas de qualquer procedência que realizavam a prospeção do petróleo por sua conta e risco, sendo pagas em moeda ou com a parte do óleo ou gás descobertos. V. sobre o tema, BAPTISTA, Luiz Olavo. Contratos de Risco, S. Paulo: Bushastki, 1976.

ras, e estas, desde a reforma do artigo 170 pela Emenda nº 6, de 15 de agosto de 1995, são aquelas que, segundo dispõe a lei, se constituem e têm sede e administração no Brasil, independentemente de seu controle.

Os Estados têm a propriedade, mas podem operar mediante concessão, segundo o artigo 24, § 2º, os serviços locais de gás canalizado.

1.3.2. Áreas de atuação reservadas aos brasileiros ou empresas por estes controladas

O artigo 199, § 3º, da Constituição veda o acesso dos estrangeiros às empresas de assistência à saúde, salvo as exceções previstas em lei. Também as empresas de jornalismo e comunicações só podem ser administradas, dirigidas, orientadas intelectualmente, ou de propriedade de brasileiros.

A Constituição, artigo 190, facultou ainda à lei ordinária estabelecer limitações ao acesso do estrangeiro[69] (e, portanto, ao investidor do exterior que não seja de nacionalidade brasileira) a propriedades rurais, e aos imóveis situados numa faixa de até 150 quilômetros de largura das fronteiras terrestres.

O acesso às atividades financeiras e de seguros também é limitado por lei, conforme dispõe o artigo 192, III, da Constituição.

Assim não se tratando dos setores expressamente referidos pelas normas constitucionais, o investimento do exterior pode ser feito livremente, e independe de autorização. Será entretanto objeto de registro, obrigatório.

---

[69] O que se fez pela Lei 5.709, de 1971, regulamentada pelo Decreto 74.965/71.

2. O registro do investimento

Qualquer que seja a forma de investimento, a lei impõe que se o registre em 30 dias a contar do seu ingresso no país, ou do *"respectivo registro contábil pelo órgão competente da empresa"*[70] no caso dos reinvestimentos.

Várias são as questões suscitadas quanto a este ponto, ao encararmos os procedimentos administrativos relativos ao ingresso do capital estrangeiro: o que registrar, quem registra, o que é e para que serve o certificado, e qual a moeda do registro.

2.1. OBRIGAÇÃO DE REGISTRAR O INVESTIMENTO

A problemática do registro, que havia gerado grande número de práticas internas, nem sempre decorrentes da melhor interpretação da lei, fez com que o Banco Central tentasse corrigi-las e emitisse Cartas Circulares, onde se estabelecem os procedimentos a ser observados.

O art. 58 da Lei 4.131 contém previsão de multa para "as infrações à presente lei". Não há notícia de que se a tenha aplicado na falta de registro, no passado. No entanto, atualmente, a Resolução 2275/96 do Banco Central prevê a imposição de multa de até R$ 50.000,00

---
[70] Art. 5º e parágrafo único.

para o atraso no pedido de registro (o qual é de 30 dias contados do ingresso das divisas no país). Esta multa, todavia, até o presente momento também não vem sendo aplicada.

Assim é que, se disse que[71]:

"O registro requerido no prazo legal de 30 dias (Lei nº 4.131, art. 5º) deve produzir efeitos a partir da data do efetivo ingresso. Se se tratar de ingresso de divisas a título de investimento direto ou de empréstimo, o registro, uma vez deferido deve retroagir à data da efetivação do ingresso, isto é, do recebimento pela empresa receptora. Se por outro lado, se tratar de contrato de assistência técnica ou de licença para uso de marcas ou patentes, o registro, quando deferido, deve retroagir à data do contrato, ou do termo inicial da prestação de assistência técnica prevista no contrato."

Não é preciso ressaltar a importância da data do registro face à possibilidade de modificações da legislação fiscal, ou outras, virem pela via de Medidas Provisórias, sem que os interessados tomem ciência, previamente, de sua edição, prevenindo seus efeitos. Os casos dos "depósitos para viagens"[72] e dos "empréstimos compulsórios"[73] são exemplos desses riscos para o contribuinte em geral.

A alteração, para pior, do tratamento jurídico ou fiscal - em razão de princípio de direito intertemporal, incorporado na Constituição[74] e na lei[75] -, não retroage para atingir o ato jurídico perfeito, nem prejudica os

---

[71] TEIXEIRA, Egberto Lacerda. Regime jurídico do capital estrangeiro. RT 463/29.
[72] Decreto Lei 1.470/76.
[73] Decreto-Leis 1.782/80, 1.790/80, e 2.047/83.
[74] Art. 5º, XXXVII.
[75] L.I.C.C. art. 6º e seus Parágrafos.

direitos adquiridos, mas pode abranger outras situações, especialmente se irregulares.

2.1.1. Investimentos em moeda

A lei instituiu, na então SUMOC, cujas funções foram absorvidas pelo Banco Central, um serviço especial de registro dos capitais estrangeiros, o FIRCE, o qual ainda existe, e que deverá admitir os investimentos "qualquer que seja a forma de ingresso no país"[76].

Uma leitura literal da regra, entretanto, conduzirá a uma conclusão que não é exata. São registrados no FIRCE os investimentos diretos feitos em *moeda* ou *bens* a título de capital de risco, e os empréstimos, a remessa de rendimentos ou a repatriação de capitais, os reinvestimentos, e as alterações no capital das empresas objeto dos investimentos.

Faz-se mister, a este ponto, recordar a distinção entre os investimentos diretos, ou capital de risco[77], e os investimentos indiretos, financeiros ou especulativos, cada qual sujeito a regime fiscal e obrigações diferentes.

Capital de risco, ou espécie do gênero investimento direto, é o que se faz na implantação de empresas, subscrição ou aquisição de quotas e ações de sociedades. O investimento direto pode ser também feito em espécies de bens diferentes da *moeda*, como *mercadorias, máquinas e equipamentos, tecnologia, marcas, patentes*, etc.

O investimento como empréstimo (que pode ser direto ou indireto) é aquele que, seu nome já define, deve sempre ficar vinculado a contrato de mútuo, registrado no órgão fiscalizador.

São objeto de registro não só os *capitais ingressados* como investimento direto, como também as *remessas*

---

[76] Lei 4.131, art. 5º.

[77] Veja-se o que foi dito na página 31.

feitas, de lucros ou capital repatriado, os *reinvestimentos* de lucros e os decorrentes das reavaliações do capital das empresas

2.1.1.1. Registro do capital ingressado

O registro no Banco Central do capital ingressado pressupõe a comprovação do ingresso da moeda e da efetivação do investimento.

Uma é feita pela exibição dos contratos de câmbio relativos à 1ª operação; a outra, pelos comprovantes da compra de ações, quotas, participações societárias ou a integralização, conforme o caso.

É somente o valor efetivamente ingressado que é objeto deste registro, que é feito em nome do investidor estrangeiro (ver "quem registra").

Para o registro do percentual da participação societária adquirida em sociedade brasileira, o Banco Central leva em consideração apenas o valor patrimonial das ações ou quotas adquiridas. Assim, na *aquisição* de ações/quotas *com ágio ou deságio*, haverá sempre uma divergência no percentual de participação do investidor estrangeiro de fato (inclusive para efeitos de registro na Junta Comercial), e aquele percentual objeto de registro no Banco Central. O percentual de participação constante do certificado de registro de capital estrangeiro é o que servirá de base para permitir o acesso ao câmbio na remessa de lucros para o exterior.

2.1.1.2. Moeda recebida para futura capitalização

A Carta Circular 2.198/91 tratou da matéria estabelecendo diversas regras para o registro das remessas de moeda para futuras capitalizações, que por qualquer razão, econômica, jurídica ou negocial, não se podiam fazer no ato. A grande variação cambial e os riscos decorrentes de certos planos econômicos que desrespeitavam a sistemática jurídica do país levaram os investidores internacionais a procurar registrar também estes valores. No entanto, a Circular 2.487/94 suspendeu a vigência da referida norma, vedando o registro nesses casos, por prazo indeterminado.

2.1.1.3. Registro das remessas

A Carta Circular 2.161/91 do Banco Central dispõe sobre as remessas de lucros.

Há uma rotina administrativa que engloba a averbação (não se pode falar em registro das remessas, pois elas teoricamente não deveriam afetar o valor investido - mas veremos a exceção) de cada remessa no certificado de registro.

As remessas são operações de câmbio autorizadas pela autoridade monetária, e nesse sentido é que a regulamentação do Banco Central adquire sua verdadeira importância. A Carta Circular delegou aos bancos operadores em câmbio o poder de fechar o câmbio para as remessas, mediante observância de certas condições:

a) verificar se a documentação apresentada está de acordo com as regras em vigor para remessa de lucros, assim como a exatidão dos cálculos que justificam o montante a ser remetido;

b) anotar a remessa na página anexa ao certificado de registro (i. é, proceder a uma averbação da remessa)

Um ponto interessante, a este propósito, é o fato de que ainda que pendente de registro um investimento, o investidor pode remeter os seus lucros. Isto vem em abono à interpretação - que reputo correta - de que o certificado é apenas forma declaratória de um investimento que já existe, e que se constituiu no ato da remessa e da aplicação em quotas, ações etc.

Mas, neste caso particular, o Banco Central faz duas exigências: de que as partes envolvidas não coloquem problemas ou façam restrições, e de que a demora no registro independa de passos a serem tomados pelo investidor ou pela empresa em que investiu.

1) Reinvestimentos
O registro dos reinvestimentos é contemplado pela Lei 4.131/62, no seu art. 7º. Segundo o texto legal consiste nos *lucros que podendo ter sido remetidos, permaneceram*, e foram aplicados na mesma empresa ou em outra.

No entendimento das autoridades - para o propósito de registro -, os lucros que preenchem essa condição são apenas os montantes líquidos remissíveis.

Vale notar que os lucros derivados de incentivos fiscais, ou ágio na capitalização de reservas, não são considerados como lucros para efeito de reinvestimento.

Além disso, consideram-se reaplicados os valores líquidos (segundo essa definição) utilizados em outro setor da economia, em outra empresa, desde que esta não tenha objeto especulativo (bolsa ou mercado de capitais), e se puder provar que o investimento permite à empresa destinatária desenvolver novas técnicas de produção, tecnologias, aumentar capital de giro etc.

Tais restrições não se aplicam a residentes do Mercosul, que gozam de regime especial em certos aspectos, ou quando o valor é aplicado em operações imobiliárias. Outra exceção a essa regra é a que permite aos lucros destinarem-se à aplicação em Fundo de Investimentos Estrangeiros[78].

O reconhecimento do reinvestimento é feito pelo FIRCE somente quando é registrado. Nesse caso, há um paralelismo em relação ao investimento primário, para o qual, como vimos, também há que demonstrar a subscrição ou compra de quotas ou ações. A data da assembléia geral ou da alteração do contrato social que autoriza o (re)investimento é que conta para efeitos do Banco Central.

O balanço da empresa cujos lucros serão reinvestidos deve demonstrar o seu montante, e esse pode ser

---
[78] Trata-se de atividade financeira regulada pelos Decretos-Leis 1.986/62 e 2.285/86.

corrigido até a data da efetivação do (re)investimento. O valor em moeda estrangeira calcula-se com base na taxa de venda publicada pelo SISBACEN[79] para efeitos contábeis.

Note-se, entretanto que não há ligação entre a correção monetária e a variação cambial, que são tratadas, para esse efeito, como duas coisas sem relação uma com a outra, pelo Banco Central.

Há de qualquer modo um registro em moeda nacional para o efeito de preservar eventuais direitos do investidor.

A *moeda do reinvestimento* é sempre a estrangeira[80], ou seja, aquela em que os lucros poderiam ter sido remetidos.

O caso do *ágio na subscrição de capital* apresenta certas peculiaridades. Quando um investidor paga um ágio na subscrição de ações ou quotas, o total ingressado é registrado como investimento estrangeiro. O certificado de registro em moeda nacional, entretanto, apenas conterá o valor ao par das ações ou quotas subscritas. Por essa razão, quando as reservas de ágio forem incorporadas, é apenas o registro na moeda nacional que será modificado, até o limite da absorção do valor do ágio.

O procedimento para cálculo do valor do reinvestimento, assim como o procedimento para seu registro foram objeto da Carta Circular 2.262/92, que modificou os critérios utilizados anteriormente até 31 de dezembro de 1991.

2) Reavaliações

As reavaliações dos ativos de uma empresa podem causar resultados positivos ou negativos em seu balanço. Assim é que, se o valor de imóveis, por exemplo, aumentar em razão de valorização destes, há a possibili-

---
[79] CPTAX 800/Opção 5/Taxas.
[80] segundo dispõe o art. 10 do Decreto 55.762/65.

dade de se reavaliar os ativos da empresa e incorporar o valor deste aumento ao capital. Poderia também acontecer o contrário, por exemplo se determinada tecnologia custosamente adquirida viesse a se tornar de repente obsoleta, representando perda patrimonial, a se refletir nos balanços.

Muitas das operações de cisão, fusão, e cisão-fusão representam ocasião de reavaliação de ativos. O mesmo acontece em relação a incorporações.

Nesses diversos casos, assim como nas reduções voluntárias de capital para redução de prejuízos, há regras aplicáveis ao investimento internacional.

Nas *incorporações e fusões* o registro deve ser feito em nome do investidor; na sucessora, em moeda estrangeira, no total dos investimentos e reinvestimentos registrados nas companhias objeto da incorporação ou fusão; em moeda nacional, pelo equivalente nominal das quotas ou ações atribuídas ao investidor do estrangeiro como resultado da incorporação ou fusão.

Nas *cisões*, a repartição se faz proporcionalmente ao valor das partes cindidas, em moeda estrangeira; e das ações ou quotas recebidas, para efeito de cálculo, em moeda nacional.

Se as quotas ou ações forem usadas para *subscrição em outra empresa*, o registro será ajustado naquela cujas quotas foram usadas para esse fim, em moeda estrangeira, pela redução de todos os itens proporcionalmente ao número de ações ou quotas usadas em relação ao anteriormente possuído; e em moeda nacional pelo equivalente em ações ou quotas remanescentes. Na companhia ou firma cujo capital se subscreveu, em moeda estrangeira, no valor equivalente ao que se deduziu da empresa cujas quotas o investidor utilizou (isto é, troca-se o nome do destinatário do investimento, no valor exato em que este foi feito, e na proporção do que existia), e em moeda nacional, pelo número de quotas ou ações recebidas.

Quando ocorre redução do capital para absorção de prejuízos, o registro somente se faz modificar no montante em moeda nacional, e quando aplicável, no número de quotas ou ações possuídas. Mas para evitar certo tipo de fraude cambial que ocorreu em certas épocas de escassez de divisas, o Banco Central impõe uma cláusula restritiva no certificado, para o efeito de exigir demonstrativos ante de autorizar a remessa.

Demonstrada a existência de resultados positivos que tenham absorvido as perdas, a cláusula perde efeito e a situação volta à regra geral.

Outro caso de redução de capital é aquele feito para o propósito de pagar de volta ao investidor, ou permitir-lhe investir em outra empresa. Nesse caso, a regra da proporcionalidade continua a vigorar.

Quando o registro de um capital (depois da redução) é menor que o valor a ser remetido, a conseqüência, como se pode imaginar é o tratamento da diferença como ganho de capital, com as incidências tributárias correspondentes.

Em todos esses casos - em que as regras foram vistas de modo sintético - o FIRCE costuma pedir balanços, demonstrativos contábeis, esclarecimentos, etc. que possam dar suporte documental à operação. Estes critérios, é bom ressaltar, são os que vigem desde a citada Carta Circular 2313/92, e superam os anteriores que eram bastante diferentes.

2.1.2. Investimentos em bens, serviços etc.

Como pudemos ver no Capítulo I, há a possibilidade de que o investimento se faça em bens diferentes da moeda: tecnologia, mercadorias etc.

2.1.2.1. Bens importados sem cobertura cambial

Através da Carta Circular 2.165/91[81] e da Circular 2.731/96, o Banco Central estabeleceu os critérios para controlar o ingresso de bens, importados sem cobertura cambial, cujo valor será registrado como investimento estrangeiro.

Tais investimentos, segundo dispõe o referido regulamento, devem ser objeto de prévia autorização do Banco Central, através das filiais do Banco nos Estados ou na sede em Brasília, sempre no FIRCE.

O pedido de autorização deve ser acompanhado dos seguintes documentos:

a) carta de intenção do investidor indicando o montante do investimento projetado; a tradução por tradutor juramentado, assim como a "notarização"[82] são requisitos;

b) uma fatura pró-forma ("pró-forma invoice"), descrevendo os bens e indicando o valor dos mesmos, emitida pelo exportador;

c) um termo de responsabilidade, de acordo com um modelo constante do regulamento.

A autorização permite à empresa destinatária dos bens solicitar a licença de importação à autoridade competente, o SISCOMEX. O prazo para pedir a licença de importação é de 180 dias, assim como é igual o prazo para, concedida essa, importar a mercadoria.

O prazo para registro do capital é, como já vimos, 30 dias, mas no caso do investimento em bens usa-se um formulário especial.

---

[81] Parcialmente em vigor.

[82] Esta expressão é usada correntemente para designar a certidão feita por notário do país onde o documento é emitido, e a certidão do Consulado Brasileiro de que esse notário existe e sua firma é verdadeira. Há países em que o reconhecimento da firma do notário, assim como a declaração de sua existência, são feitas pelo Ministério da Justiça local, e a firma do funcionário deste órgão é que é reconhecida pelo consulado. Também se usa pedir que o notário certifique que a pessoa pode assinar pela empresa, segundo a lei e os estatutos da mesma.

O registro é feito na moeda do país de onde os bens foram exportados, ou do país do investidor, à sua escolha. Quando a fatura está emitida em moeda diferente daquela escolhida pelo investidor para o efeito de registro, a conversão duma moeda estrangeira em outra se fará observando a paridade com a taxa de venda do dólar dos E.U.A.[83] na data da fatura comercial.

Até que o capital seja aumentado, o valor da mercadoria importada deve ser contabilizado como reserva, convertido em Reais pela taxa do dia útil anterior à data da contabilização; esse será o valor do aumento de capital e, por conseguinte, do registro.

Pode ocorrer de o valor das mercadorias exceder ou ser inferior ao projetado aumento de capital. Caso deseje, o investidor pode optar por deixar o saldo como crédito ou débito para futuro aumento de capital.

2.1.2.2. Marcas e patentes

A Carta Circular 2.282/92 regula os procedimentos para registro de investimentos feitos sob forma de tecnologia, patentes ou marcas.

Um pedido (em formulário fornecido pelo BACEN) deve ser apresentado instruído por carta de intenção do titular da marca ou da patente, de um certificado de validade no Brasil de uma ou outra, conforme o caso, emitido pelo INPI, assim como uma declaração do país de origem informando que não há proibição da transferência. Além desses documentos pede-se a apresentação de um certificado do registro no INPI do instrumento de transferência dos direitos de uso e exploração da marca ou da patente, cópia da ata ou alteração contratual, registrados na Junta Comercial, do aumento de capital e, por último, cópia dos lançamentos contábeis registrando o aumento de capital.

---

[83] Usa-se a taxa publicada no SISBACEN, PTAX800/Opção 5/Rates, para efeitos contábeis. Essa taxa pode ser obtida no Banco Central ou através do seu sistema de informação, o SISBACEN.

O Capital que será registrado é limitado ao montante aprovado pelo INPI[84].

Muitas vezes, o investimento é feito a partir de *royalties* retidos, que se convertem em capital da sociedade. É útil, por isso, lembrar o conceito de *royalties*, ou em português, *regalias*[85]. Estes consistem numa "categoria de rendimentos que representa a remuneração pelo uso, fruição ou exploração de determinados direitos"[86]. Diferentes dos aluguéis no que estes "representam a remuneração do capital empregado em bens corpóreos, e dos juros, que exprimem a contrapartida do capital financeiro"[87].

A doutrina tem distinguido os *royalties* minerais, vegetais e industriais dos intelectuais[88], mas no direito brasileiro o conceito tem-se limitado à remuneração pela atividade intelectual (direito de autor, marca, patente, desenho industrial, modelo de utilidade, segredo industrial, *know-how* etc.).

2.1.3. Empréstimos e outros créditos

Embora em relação a certos empréstimos houvesse resistência do Banco Central, este pode autorizar e tem autorizado a conversão de mútuos em investimento direto. Tanto o principal como os juros ou comissões

---

[84] Será necessária a contratação simbólica de câmbio, nos termos do Comunicado Firce 28, para a efetuar o registro.

[85] Em francês, diz-se "redevances"; em castelhano, "canones".

[86] XAVIER, Alberto. Direito Tributário Internacional do Brasil, 3ª ed. Rio de Janeiro: Forense, 1994. p. 493.

[87] XAVIER, A. Direito Tributário Internacional do Brasil, cit. p. 493.

[88] Cf. CUNHA, Paulo de Pitta e. O tratamento tributário dos rendimentos da propriedade industrial e intelectual, Revista da Faculdade de Direito da Univ. de Lisboa, vol. XXII, (1970). Ver também a indispensável obra de Prado, Mauricio Curvello de Almeida. Contratos de Transferência de Tecnologia, Porto Alegre: Livraria do Advogado, Col. Direito e Comércio Internacional, 1996.

podem ser incorporados ao capital da empresa brasileira destinatária do investimento, na moeda do empréstimo.

Há, em todos os casos em que houve a autorização, a exigência de que o capital permaneça no país pelo menos por tanto tempo quanto ainda permaneceria se fosse um empréstimo.

2.1.4. Capital contaminado

Ao capital subscrito em moeda ou bens, mas não registrado oportunamente ou ao qual foi denegado o registro, usa-se chamar "contaminado". Em geral a causa do não-registro é a impossibilidade de provar o ingresso de divisas estrangeiras no Brasil. Como vimos, o registro é do seu ingresso. Os frutos do capital "contaminado" não permitem, também, o registro como investimento.

A repatriação do capital "contaminado" é problemática. Como o Banco Central considera esse valor como não-ingressado, exige que para a aquisição de divisas se pague o imposto de renda sobre o valor do mesmo como se fora lucro, à alíquota de 15%.

A existência numa empresa de capital "contaminado" e não-contaminado apresenta problemas, pois segundo a jurisprudência administrativa do Banco Central, a moeda sendo fungível é impossível distinguir as participações que se encontram "contaminadas". Assim cada quota ou ação, ou título de dívida será considerado contaminado na proporção em que o investimento o estiver.

Há um procedimento complexo para se obter a "descontaminação" do capital que pressupõe novos investimentos, e depende de prévia aprovação pelo Banco.

2.2. O CERTIFICADO DE REGISTRO

A lei não diz quem pode solicitar o registro do investimento. Pode-se imaginar que tanto o titular dele, como a empresa em que foi aplicado, possam fazê-lo, face ao texto do § 1º do art. 5º da Lei 4.131:

"O registro do investimento estrangeiro será requerido dentro de 30 dias da data do seu ingresso no País ... ou do respectivo registro contábil pelo órgão competente da empresa, no caso de reinvestimentos de lucros".

A concessão dessa faculdade a duas figuras diversas, "investidor/proprietário" e "responsável pela empresa", pode gerar problemas em caso de *joint venture*.

Com efeito, o "responsável pela empresa", que pode não ser subordinado do "proprietário" do investimento, teria a possibilidade de retardar o registro ou de reter injustamente os certificados. Aliás, antigamente, o requerimento de registro devia ser firmado pelas 2 figuras, embora, como hoje, o certificado fosse um só.

2.2.1. Certificado de registro

O certificado, conferido ao investidor e entregue a quem o solicitou, é criação do regulamento[89]; a lei fala tão-só do registro.

O certificado possui natureza jurídica complexa; há quem diga que é ato declaratório do registro, e, simultaneamente, constitutivo dos direitos de repatriar o capital e remeter os lucros, se houver. Há quem lhe reconheça tão-só o caráter declaratório[90], entendendo tratar-se de mero "título declaratório e não atributivo de Direitos".

---

[89] Decreto 55.762/65, art. 6º.

[90] TEIXEIRA, Egberto Lacerda, op. cit. p. 29.

Outra autoridade no assunto, com maior precisão, a nosso ver, distingue o ato do registro do certificado:

> "E não se confunda o ato com o papel, com o certificado. Eu entendo - e a lei chama a isso 'serviço' - que o registro é um ato, ato jurídico até, a meu ver, misto: declaratório - constitutivo"[91].

Por isso mesmo se disse com precisão que:

> "a perda, extravio ou destruição do certificado não atingem a validade e eficácia do registro. Em qualquer dessas circunstâncias, adotadas as cautelas necessárias, o Banco Central deverá emitir segunda via do certificado"[92].

2.2.2. Moeda do registro

No curso do processo do registro, além do cumprimento das exigências burocráticas que são típicas de cada direito nacional, há um aspecto importante, como parte das garantias concedidas ao investidor e mecanismo de proteção dos interesses do país destinatário do investimento. É o problema da moeda do registro.

Com efeito, se o registro se fizesse numa moeda, e a repatriação do investimento em outra, poderíamos chegar a uma situação quase-expropriatória ou expropriatória, quer pela indicação de moeda inconversível, quer pela designação de moeda submetida a regime cambial menos favorável para o investidor. Poderia também ocorrer fraude.

Assim, buscou-se uma solução que fosse eqüitativa para as partes.

Na sistemática brasileira, o artigo 4º da Lei 4.131 é que regula a matéria. Dispunha esse artigo que "o registro de capitais estrangeiros, será efetuado na moe-

---
[91] BARROS, J. E. Monteiro, op. cit. p.173.
[92] TEIXEIRA, Egberto Lacerda, op. loc. cit. p.29.

da do país de origem". A solução foi criticada e corrigida de modo, embora pragmático, pouco obediente aos princípios da hierarquia das normas jurídicas.

A crítica era de que a expressão "país de origem" obrigaria o investidor a investir na moeda de *seu* próprio país e *não no de outro*.

Ora, essa restrição, além de impedir a vinda para cá de moedas mais fortes ou mais estáveis, teria também o condão de interferir no regime cambial do país do investidor.

Proibiria a este a escolha de um regime mais favorável ou mais útil aos seus próprios interesses, sem que daí adviesse qualquer vantagem para o Brasil.

Diante desses e de inúmeros outros argumentos de menor peso, o Decreto nº 55.762, de 1965, em regulamentando a lei, no seu art. 4º, dispôs que:

> "o registro de capitais será na moeda estrangeira em que foram emitidos, para os investimentos ingressados no país, nos casos de importação financiada, e de investimento sob a forma de bens, na moeda do domicílio ou da sede do credor ou do investidor, respectivamente, ou, ainda, em casos especiais, na moeda de procedência dos bens ou do financiamento, desde que obtida a prévia anuência do Banco Central".

Ora, o texto do decreto altera o da lei. Esta é taxativa no sentido de que seja moeda *do país de origem*, enquanto o decreto fala em moeda *efetivamente ingressado no país* ou, no caso de investimento sob a forma de bens, apresenta as alternativas da moeda do domicílio ou sede do investidor ou da procedência dos bens.

A solução, embora tenha sido elaborada, como se disse, "fruto da aplicação da lei da BOA RAZÃO a um texto manifestamente imperfeito"[93], é evidentemente subversiva da hierarquia das normas.

---
[93] TEIXEIRA, Egberto Lacerda, op. cit. p. 30.

Decreto não altera lei. Entretanto, a verdade é que, na prática, o decreto é que vem sendo aplicado e, mais, por vezes até mesmo alterado por portarias e circulares do Banco Central. Essa situação lamentavelmente se mantém, porque os investidores, na sua maioria, têm receio de ofender ou criar uma situação em que sejam mal-vistos pelo Banco Central, se ingressarem na Justiça.

Regime especial no tocante à moeda foi estabelecido também pelo artigo 4º da Lei 4.131, que, determinava que, na hipótese de reinvestimento, se fizesse o registro em moeda nacional, reinvestimento esse definido pelo artigo 7º da mesma lei.

Alegavam seus opositores que, de um lado, o conceito estreito de reinvestimento, e, de outro, a obrigatoriedade de estes se fazerem em moeda nacional, teriam, o condão de comprometer as expectativas de reaplicação dos capitais no país, e especificamente na empresa.

Um autor chegou a dizer que

"a lei, de certo modo punia os empresários prudentes e progressistas e favorecia os especuladores"[94].

Em 1964, a Lei 4.390 emendou o texto original dando a nova, e atual, redação aos artigos controvertidos:

"Art. 4º - O registro de capitais estrangeiros será efetuado na moeda do país de origem e o do reinvestimento de lucros, simultaneamente em moeda nacional e na moeda do país para o qual poderiam ter sido remetidos, realizada a conversão à taxa cambial média do período durante o qual foi comprovadamente efetuado o reinvestimento".

"Art. 7º - Consideram-se reinvestimentos, para os efeitos desta lei, os rendimentos auferidos por empresas estabelecidas no País e atribuídos a residentes e domiciliados no Exterior e que forem

---
[94] TEIXEIRA, Egberto Lacerda, op. cit. p. 30.

reaplicados nas mesmas empresas de que procedem ou em outro setor da economia nacional".

O art. 10 e parágrafos do decreto regulamentador correspondem ao artigo 4º da lei, e o 8º do regulamento ao 7º da lei, sendo que do texto deste excluiu-se a frase: "para efeito desta lei". Com essa modificação, o reinvestimento passou a ser calculado em moeda estrangeira, sendo o registro em moeda nacional nada mais que simples controle da conversão, determinado pela lei.

Entretanto, há quem tenha entendido que, no caso de vir o câmbio a flutuar de modo desfavorável à moeda do investimento (hipótese que ocorreu nos primeiros meses do Plano Real), pode ser que o investidor, baseado na diversidade da moeda do registro, venha a escolher a que melhor lhe convier.

Já a noção de reinvestimento está ligada intimamente à de lucro, direi mais, de lucro tributado; assim é que só o lucro que se vier a apurar e reaplicar na atividade, por ato do investidor, permitirá o registro do reinvestimento.

O reinvestimento tomará diversas formas: lucros e dividendos pagos em dinheiro, distribuição de novas ações ou quotas, aproveitamento de lucros em suspenso ou reservas livres para aumento do capital sem alteração do valor das ações ou quotas, pelas mesmas causas.

Do ponto de vista contábil, estabeleceu-se a praxe pela autoridade de registro, segundo o qual as receitas mantidas nas "contas lucros em suspenso", "dividendos a pagar", ou outras rubricas do gênero, não consistem em reaplicação para os efeitos da lei. É, pois, condição do registro o ato formal do aumento de capital, ou da aquisição ou subscrição de ações, quotas ou participação em outras empresas, para que se configure o reinvestimento.

O Banco Central tem por vezes suscitado problemas relativamente à data, para efeito de registro de investimento.

Assim é que, por exemplo, para efeito de conversão de empréstimo em investimento direto, não é na data da subscrição de ações ou da assembléia que a autoriza, ou na da assinatura do boletim de subscrição pelo investidor em que se faz a conversão, mas sim no dia da aprovação, pelo Banco Central, da conversão pretendida.

Aí pode ocorrer, e por vezes ocorre em decorrência da inflação, a criação de reservas decorrentes de variação cambial, as quais, embora possam ser tratadas pelo fisco como lucro, não o configuram, para o efeito cambial, segundo a orientação do FIRCE.

O Decreto nº 55.762 estabelecia, também, a faculdade de conversão em investimento do "principal de empréstimos registrados ou de quaisquer quantias, inclusive juros, *remissíveis para o Exterior*". É na expressão grifada que se encontra o fulcro do dispositivo. Tudo aquilo que, por lei, regulamento, ou decreto, não for remissível para o exterior não pode se transformar em investimento.

É o caso típico, hoje, dos pagamentos relativos a contratos de transferência de tecnologia não-registrados, ou dos direitos devidos pelos licenciados e licenciadores pela cessão de marcas ou patentes, quando houver uma relação de controle direto ou indireto dos primeiros pelos segundos.

Ainda no tocante à moeda relativa aos novos investimentos, na hipótese a que acima aludimos, há opinião contrária à do Banco Central, expressa por Egberto Lacerda Teixeira[95], segundo a qual "diríamos que o regulamento permitiria a adoção da regra da taxa média cambial". Fundamenta esta última posição a consideração de que os chamados créditos poderiam ter sido remetidos à taxa vigorante de sua percepção e reinvestimento através de novas remessas do Exterior, certamen-

---
[95] Op. cit. p. 31.

te a taxas mais favoráveis ao investidor, o que, na prática, equivaleria à aplicação do sistema da taxa média cambial. Esse entendimento era também o que adotava a Circular nº 29/67, de 31.05.1967, a propósito da fixação de valores remissíveis para efeito de cálculo do imposto de renda incidente, onde se utilizaria "a taxa média do mês da capitalização".

Nos limites desse trabalho, vimos o que competia dizer sobre a moeda no registro.

É importante agora examinar o problema das garantias do investimento internacional.

3. As garantias do investimento

O procedimento de liquidação dos investimentos internacionais opõe três ordens de interesses distintos: do Estado exportador do capital, do Estado importador e da Ordem Econômica Internacional. Esses interesses refletem-se, como é evidente, em normas reguladoras que muitas vezes são conflitantes.

No choque entre esses interesses, aqueles do exportador de capital passam a ser, em razão da soberania, juridicamente subordinados ao exercício da competência territorial do estado importador de capital, embora do ponto de vista político possa ocorrer inversão de posições.

Assim é que, sob o prisma do Direito, o estado destinatário pode regulamentar a liquidação do investimento constituído pelo estrangeiro no seu território.

O exercício da competência (legal) do país importador dos capitais é que prevalecerá sobre a do país exportador deles, no território do primeiro. Mas essa competência é contrastada pela exigência de uma ordem jurídico-econômica internacional e pelos vetores de força política atuantes naquela situação.

As regras de direito internacional, relativas à liquidação do investimento, teoricamente poderiam ser arvoradas em superiores às regulamentações internas dos estados exportadores de capital, assim como àquelas dos estados importadores de capital.

Mas, a regulamentação jurídica dessa matéria é ainda incerta, e a formação do direito internacional se vê retardada pela dificuldade de compor interesses divergentes dos estados interessados.

Em conseqüência, a liquidação dos investimentos estrangeiros está situada fora dos quadros das ordens jurídicas, quer dos estados importadores, quer dos exportadores de capital, situando-se mais amplamente no campo político e diplomático.

Entretanto, uma rede normativa, ainda que incompleta, cobre a situação respondendo a acordos e acertos, pontos em que um equilíbrio negociado se cristalizou.

Compreende-se que os países que procuram obter investimentos ofereçam manifestações de vontade política, próprias a suscitar um clima psicológico favorável, deste ponto de vista. A manifestação dessas políticas, por parte dos Estados-hospedeiros, aparece, seja em disposição da regulamentação interna (normas incentivadoras), seja em disposições das convenções internacionais que conclui (acordos de garantia de investimentos).

Estes podem ser de duas espécies: bilaterais e pluri ou multilaterais. A maioria dos países participa das duas modalidades. O Brasil assinou o primeiro acordo bilateral com os Estados Unidos logo após 1964, e em relação ao último tipo é signatário do tratado que criou a MIGA[96], a que já nos referimos.

Todavia, a compreensão deste problema exige a sua divisão, pois há dois aspectos diferentes: um é a possibilidade de repatriar o investimento e os lucros que produzir, outro é a garantia da propriedade.

3.1. GARANTIA DE REPATRIAÇÃO

Por repatriação pode-se entender o conjunto de operações pelas quais um investidor procede à conversão do investimento ou de seus frutos em outra moeda

---

[96] MIGA é a sigla em inglês do Multilateral Investment Guaranty Agency, criada por tratado firmado por nosso país em 23 de setembro de 1990, promulgada pelo Presidente Itamar Franco, através do Decreto 698, de 8 de dezembro de 1992.

(que não a do país hospedeiro) e o transfere para outro país. Trata-se, em última análise, de operações cambiais.

Há duas fórmulas clássicas de abordagem do problema: a adotada pelo Brasil - que é a autorização genérica para os investidores que preenchem certas condições (possuir o Certificado de Registro, pagar o imposto de renda, etc.), e a preferida pela maioria dos países em desenvolvimento, que é a outorga de uma garantia individual, de natureza quase contratual ou de concessão (também sujeita ao cumprimento de certas regras).

Quer a regulamentação do investimento tenha optado pela via da restrição ou pela dos incentivos, ou pela da liberdade de ação, sempre há condições precisas a ser cumpridas em benefício do equilíbrio da balança cambial, ou pelo menos de contratos estatísticos.

Como vimos atrás, há duas atitudes ou duas formas de regulamentar o investimento estrangeiro: a que o contratou exclusivamente ou predominantemente pela via cambial e a que, visando a incentivá-lo ou desencorajá-lo, examina cada projeto, submetendo-o a uma autorização prévia. Esta também, sempre, as regras relativas à repatriação, estabelecendo as condições de fundo e de forma cabíveis.

Mas é preciso separar objetivos: as normas cambiais não os têm idênticos às regras sobre investimento estrangeiro. Daí muitas das dificuldades na aplicação uniforme de uma e outras: a regra, no caso da regulamentação de investimentos brasileira (Lei 4.131/62), como na francesa (Decreto nº 6.778, de 27/01/67), é de liberdade na remessa, mas se ocorrerem restrições cambiais, ainda que passageiras, ela torna-se inoperante.

De outro lado, mesmo nos países que adotaram o sistema de autorização, restrições de caráter geral ou particular podem afetar a concessão feita pelo Estado-hospedeiro. Isso provoca uma reação por parte dos países exportadores de capital que leva, seja a normas de direito interno de caráter retorsivo (ex. a emenda Hickenlooper nos EUA), ou a propugnar por acordos internacionais de garantia.

Os acordos internacionais ora adquirem a amplitude dos multilaterais, ora limitam-se à bilateralidade. Não são fáceis de celebrar esses acordos. As divergências de interesses a que atrás se aludiu e o fato de que a submissão a uma regulamentação internacional é uma perda de soberania para o país investidor são as principais causas de dificuldades. Com efeito, se há uma aspiração universal a receber investimentos estrangeiros, há também uma resistência da mesma amplitude a restrições de qualquer ordem em matéria de políticas monetárias[97]. *Et pour cause*, pois a moeda é símbolo e instrumento básico, ou vital, da soberania.

Por outro lado, a admissão consentida - por via genérica ou particularizada - do investimento estrangeiro contém em si o germe da restrição, na assunção de que esse investimento (e seus lucros) devem ser algum dia repatriados. Acresce a isso a existência de um sistema monetário global, que, de fato ou de direito, limite o poder dos Estados de impedir a liquidação dos investimentos estrangeiros. Esse sistema cresce na medida em que a interdependência econômica cresce universalmente.

A base do sistema monetário internacional, cujas origens estão nos acordos de Bretton Woods, é a livre convertibilidade. A não-convertibilidade é a exceção sob o aspecto normativo, mas na prática é freqüente, sendo a convertibilidade sempre condicionada, na maior parte das vezes nos países em desenvolvimento.

---

[97] É exemplo dessa ambivalência o fato de que o único acordo bilateral firmado pelo Brasil e em vigor, é o de 1965, com os EUA. Todos os demais, com Alemanha (1995), Chile (1994), Coréia (1995), Dinamarca (1995), Finlândia (1996), França (1995), Grã-Bretanha (1994), Itália (1995), Portugal (1994), Suíça (1994) e Venezuela (1995), ainda não foram promulgados.

O mais bem-sucedido tratado multilateral de garantia de investimentos é a convenção do Banco Mundial (CIRDI/ICSID).

3.2. GARANTIA CONTRA A EXPROPRIAÇÃO

Já vimos que o problema da repatriação vincula-se à garantia de convertibilidade da moeda. A expropriação envolve a problemática da garantia da propriedade. Se no primeiro caso o investidor tem a propriedade mas não a pode trasladar, sendo forçado ou a reinvestir ou a perder as funções do seu investimento, sofrendo, portanto, restrição ao seu direito de propriedade, no segundo caso perde-o completamente. O receber compensação e o ser esta adequada é a questão que se coloca do ponto de vista do país exportador do capital, ferido nos seus interesses e nos de seus súditos diretamente afetados.

A prática da expropriação é freqüente, e a literatura é vasta, refletindo mudanças ocorridas ao longo de mais de um século, na jurisprudência internacional e na doutrina.

A resolução da Assembléia Geral da ONU sobre a Nova Ordem Econômica Internacional[98] acentua a

> "plena soberania de cada Estado sobre seus recursos naturais e quaisquer atividades econômicas. Para salvaguardar esses recursos, cada Estado tem o direito de exercer efetivo controle sobre os mesmos e a sua exploração mediante os meios adequados a sua própria situação, inclusive o direito de estatizá-lo ou nacionalizá-los, direito esse que é uma expressão da plena soberania do Estado. Nenhum Estado pode ser sujeito à coação econômica, política ou de qualquer outro tipo para prevenir o pleno e livre exercício deste direito".

---
[98] Res. (S-VI) UN DOC A/9559 (1974).

Sabe-se que as Resoluções da Assembléia Geral da ONU, via de regra, não constituem normas imperativas de Direito Internacional[99]. Todavia, pelo expressivo número de Estados que a subscrevem (apenas 4 votaram contra e menos de uma dezena absteve-se), essa Resolução exprime um consenso da comunidade das Nações de molde a vir, eventualmente, a gerar usos e costumes pela sua reiteração.

A maioria das expropriações ocorre nos países ditos em desenvolvimento, embora possamos apontar casos de expropriação (designada em inglês e francês pela palavra *nationalisation*).

Essa medida apresenta-se como uma das fontes de conflito mais freqüentes e, por isso, em relação aos problemas jurídicos que suscita, alguns pontos se fixaram, quer do ponto de vista do expropriante, quer do expropriado, e se refletem na jurisprudência.

São focalizados, nas disputas relativas à expropriação de investimentos estrangeiros, dois aspectos: o direito de expropriar e a compensação (alcance e forma). Há, inegavelmente, um etnocentrismo nas posições assumidas, que se casa com os interesses defendidos.

Com efeito, um exemplo típico é o da posição assumida pelos tribunais norte-americanos, pelo seu Departamento de Estado e pelo seu Legislativo.

No que concerne ao direito de expropriar, a doutrina norte-americana sujeita seu exercício ao *public purpose*, que associa ao ser *non discriminatory*, e, no referente à indenização, há que ser ela *prompt adequate and effective*"[100].

É evidente que cada um dos referidos conceitos permite interpretação variável, pois definir o que é o *public purpose* é tão difícil quanto definir o *bem comum*.

---

[99] V. a propósito CARREAU, Dominique. Droit International, Paris, Pedone, 1986, pp. 180 e ss. e bibliografia aí citada.

[100] V. US. Dep. of State Press Release nº 630, 30/12/1975.

De outro lado, a posição dos países em desenvolvimento encontrou seu embasamento teórico nas posições sustentadas pelo México desde o início deste século, apoiado na doutrina Calvo (enunciada pelo jurista Carlos Calvo, argentino, em 1868), segundo a qual um investidor estrangeiro não pode reivindicar quaisquer privilégios ou direitos negados aos nacionais do país e que sejam reconhecidos pelos tribunais locais. A essa posição, acrescentam os mexicanos que a decisão de expropriar é uma decisão soberana do Estado, independentemente de quaisquer critérios internacionais ou estrangeiros; finalmente, que as investigações seriam determinadas à luz de todas as circunstâncias envolvidas na situação, inclusive as prioridades políticas e econômicas do expropriado.

As posições dos diversos países têm oscilado entre essas duas posições.

Assim, no Brasil, a legislação interna, a partir dos textos constitucionais, tem adotado a posição de exigir o "interesse público", expressão paralela ao *public purpose* dos norte-americanos, de que se desdobrou mais recentemente a noção de "interesse social". Por outro lado, a mesma fonte afirma o princípio de: "prévia e justa indenização", que a prática ignora quanto a primeira parte, pois, em geral, se a indenização vier a ser justa, quase nunca é prévia.

Não é nosso propósito aqui esgotar a matéria, mas tão-só sintetizá-la, razão pela qual terminaremos apontando para o fenômeno da expropriação indireta, conhecida em uma de suas formas por *taxing and creeping expropriation* na doutrina anglo-saxã[101].

Tanto a ocupação de fato, como a tomada de medidas que, de modo lento e seguro, vão esvaziando a empresa do investidor são formas de expropriação.

---

[101] Para aprofundar o tema, v. HELOU, Christiane Costa e Silva. op. cit. nota supra.

Assim, também o são os impostos discriminatórios e quase confiscatórios, o bloqueio de remessas de lucros e dividendos por longo prazo até a que inflação os consuma e muitas outras medidas de que resulte, pela ação dirigida contra certos investimentos ou certa classe de investidores, uma restrição ou diminuição constante do exercício do direito da propriedade.

Ibrahim Shihata[102] aponta várias medias que poderiam ser incluídas no conceito de *creeping expropriation* e que correspondem de modo geral ao que, no Brasil, uma sólida corrente jurisprudencial já elencou entre os casos de expropriação indireta, concedendo aos prejudicados os remédios cabíveis.

Ao se examinar esses autores e as decisões internacionais, vamos constatar que no tocante à expropriação indireta ou de fato o que conta é o resultado econômico para o investidor. Tanto as intenções do expropriante, quanto à forma são irrelevantes para esse efeito.

---

[102] "The Multilateral Investment Guarantee Agency (MIGA) and the Legal Treatment of Foreign Investment". RCADI, T. 203, 1987(III), p. 178.

Bibliografia

Livros, revistas e teses.

ASSOCIAÇÃO dos Advogados de São Paulo. *Tratamento do capital Estrangeiro*. [Mesa Redonda] 18-04-1978 s.e. mim.

BAPTISTA, Luiz Olavo e DURAND-BARTHEZ, Pascal. *Contratos de Risco*. São Paulo: Bushatski, 1976.

——. *Unification Internationale du droit dans le domaine des sociétés multinationales*. Anais do 2º Congresso Internacional para a Unificação do Direito Privado, UNIDROIT, 1977.

——. *Empresa Transnacional e Direito*. São Paulo: RT, 1987.

——. *Les Joint Ventures dans les Relations Internationales*. Tese, Paris, 1981, mim. *passim*.

——. *Les Associations d'entreprises (joint ventures) dans le commerce international*. 2ª Ed. Paris: LGDJ, 1991.

BARBOSA, Denis Borges. *Direito de Acesso do Capital Estrangeiro, Direito do Desenvolvimento Industrial*. vol. I, Rio de Janeiro: Lumen Juris, 1996.

BARROS, José Eduardo Monteiro de. "Regime do Capital estrangeiro". in *Direito Econômico*, São Paulo: EDUC.

BERLIN, Dominique. *Les Contrats d'États (State contracts) et la protection des investissements internationaux*. DPCI, T.13, 2, 1987.

CALDAS AULETE. *Dicionário Contemporâneo da Língua Portuguesa*. V. 4. Rio de Janeiro: Ed. Delta, 1978.

CARREAU, Dominique. *Droit International*. Paris: Pedone, 1986.

——. *Souveraineté et coopération monétaire internationale*. Paris, 1970.

——; JULLIARD, Patrick; FLORY, Thiebaut. *Droit International Économique*. 3ème. ed. Paris: LGDJ, 1990.

CASSESE, Antonio. *Novissimo Digesto Italiano*.

COMPARATO, Fábio. *O poder de controle nas sociedades anônimas*. 2ª ed. São. Paulo: RT, 1977.

COSTA, Ligia Maura. *OMC: Manual Prático da Rodada Uruguai*. São Paulo: Saraiva, 1996.

CUNHA, Paulo de Pitta e. *O tratamento tributário dos rendimentos da propriedade industrial e intelectual*. Revista da Faculdade de Direito da Univ. de Lisboa, vol. XXII, (1970).

FERREIRA, Aurélio Buarque de Holanda. *Novo Dicionário da Língua Portuguesa*. 1ª ed. São Paulo: Nova Fronteira.

FIESP. *Investimentos Estrangeiros no Brasil*. Cadernos Econômicos, nº 1, 2ª ed. Serv. São Paulo: Publicações da FIESP, 1971.

FUNDO Monetário Internacional. *Manuel du balance de payements*, 4ª ed. Washington: FMI, 1977.

HELOU, Christiane Costa e Silva de Castro. *Proteção, Tratamento e garantia dos investimentos internacionais contra os riscos políticos: aspectos de direito internacional*. São Paulo, 1997. Mim. p. 19. FADUSP, Orientador: Prof. Associado Hermes Marcelo HUCK.

HIMER, Stephen. *The International Operation of National Firms: A Study of Direct Foreign Investment*. Cambridge, Mass.: MIT Press, 1976.

HUCK, Hermes Marcelo. *Contratos com o Estado: Aspectos de direito internacional*. São Paulo, Tese (Doutorado), FADUSP, 1989.

LAVIEC, Jean F. *Protection et promotion des investissements - Étude de Droit International Économique*. Paris: PUF, 1985.

LINDERT, Peter H. *International Economics*. 9th ed. International Edition, Burr Ridge, Ill.: Irwin, 1991.

LOUSSOUARN, Yvon. *La condition des personnes morales en droit international privé*. RCADI. T. 96, 1959, I.

MAGEE Stephen P. *Appropriability Theory*. In: ADAMS, John. (ed.) "The Contemporary International Economy: a Reader". 2d. ed. New York: St. Martins Press, 1985.

MAGALHÃES, José Carlos de. *A dívida externa: uma questão de Direito Internacional Público*. São Paulo, Tese de Livre Docência, FADUSP, 1989.

MELLO, Celso de Albuquerque. *Direito Internacional Econômico*. Rio de Janeiro: Ed. Renovar, 1993.

Migliorino, Luigi. *Gli Accordi Internazionali sugli Investimenti*. Milão: Dott. ª Giuffré Ed. 1989.

NUSDEO, Fabio. *Aspectos do investimento estrangeiro no Brasil e as restrições legais: perspectivas futuras*. Revista da Faculdade de Direito da Universidade de S. Paulo, vols. 84/5, 1990.

OCDE. Code of Liberalization of Capital Movements, adotado em 18/12/61, revisto e modificado; Paris: OCDE, 1993 p. 23 Anexo A, Lista A, Investimento Direto.

PICONE, Paolo e Sacerdoti, Giorgio. *Diritto Internazionale Dell'Economia*. 4ª ed. Milão:Franco Angeli Ed. 1994.

PICONE, Paolo. *Movimenti di capitali ed investimenti esteri, in* Diritto Internazionale dell'Economia, Milão: Franco Angeli Ed., 1982.

Prado, Mauricio Curvello de Almeida. *Contratos de Transferência de Tecnologia.* Porto Alegre: Livraria do Advogado, Col. Direito e Comércio Internacional, 1996.

Rodas, João Grandino. *Evolução do liame entre sociedade comercial e Estado,* São Paulo, Tese (Titular) FADUSP, 1993

SHIHATA, Ibrahim. *The Multilateral Investment Guarantee Agency (MIGA) and the Legal Treatment of Foreign Investment.* RCADI, T. 203, 1987(III).

Soares, Guido F. S. *Das imunidades de jurisdição e execução.* São Paulo, 1980, Tese (Livre Docência) Faculdade de Direito da Universidade São Paulo.

STERN, Brigitte. *La protection diplomatique des investissements internationaux.* De Barcelona Traction à Eletronica Sicula, ou les glissements progressifs de l'analyse. J.D.I. Vol. 117, pp. 897-0974, out. nov. dez. 1990.

TEIXEIRA, Egberto Lacerda. *Regime Jurídico dos Capitais Estrangeiros no Brasil.* RT 463.

United Nations. *The Impact of Trade-related Investment Measures,* New York: UN Publication ST/CTC/120, 1991, Sales Number E.91.II.A.19

U.S. DEPARTAMENT of State, Press Release nº 630, 30/12/1975

VOSS, Jurgen. *The protection and promotion of foreign direct investment in developing countries:interests, interdependences, intricacies.* ICLQ. Vol 34, 1982.

XAVIER, Alberto. *Direito Tributário Internacional do Brasil,* 3ª ed. Rio de Janeiro: Forense, 1994.

WEIL, Prosper. *Les clauses de stabilisation ou d'intangibilité inserées dans les accords de developpement économique. In* Mélanges Rousseau, Paris: Pédone, 1974.

Legislação

BRASIL. Leis, decretos, etc. Banco Central. Carta Circular 2.161, de 1991.
BRASIL. Leis, decretos, etc. Banco Central. Carta Circular 2.165, de 1991.
BRASIL. Leis, decretos, etc. Banco Central. Carta Circular 2.198, de 1991.
BRASIL. Leis, decretos, etc. Banco Central. Carta Circular 2.282, de 1992.
BRASIL. Leis, decretos, etc. Banco Central. Carta Circular 2.313, de 1992.
BRASIL. Leis, decretos, etc. Banco Central. Circular 29, de 1967.
BRASIL. Leis, decretos, etc. Banco Central. Circular 1.339, de 1988.

BRASIL. Leis, decretos, etc. Banco Central. Circular 2.262, de 1992.
BRASIL. Leis, decretos, etc. Banco Central. Circular 2.478, de 1994.
BRASIL. Leis, decretos, etc. Banco Central. Circular 2.731, de 1996.
BRASIL. Leis, decretos, etc. Banco Central. Resolução. 2.275, de 1996.
BRASIL. Leis, decretos, etc. Constituição Federal 1988.
BRASIL. Leis, decretos, etc. Decreto 53.451, de 20 de janeiro de 1964.
BRASIL. Leis, decretos, etc. Decreto 55.762, de 17 de fevereiro de 1965.
BRASIL. Leis, decretos, etc. Decreto 57.943, de 10 de março de 1966.
BRASIL. Leis, decretos, etc. Decreto 6.778, de 27 de janeiro de 1967.
BRASIL. Leis, decretos, etc. Decreto 74.965, de 1971.
BRASIL. Leis, decretos, etc. Decreto 85.450, de 1980 [Regulamento do Imposto de Renda].
BRASIL. Leis, decretos, etc. Decreto 698, de 8 de dezembro de 1992.
BRASIL. Leis, decretos, etc. Decreto 1.041, de 11 de janeiro de 1994.
BRASIL. Leis, decretos, etc. Decreto-Lei 4.657, de 4 de setembro de 1942 [Lei de Introdução do Código Civil].
BRASIL. Leis, decretos, etc. Decreto-Lei 1.401, de 1975.
BRASIL. Leis, decretos, etc. Decreto-Lei 1.470, de 04 de junho de 1976.
BRASIL. Leis, decretos, etc. Decreto-Lei 1.782, de 16 de março de 1980.
BRASIL. Leis, decretos, etc. Decreto-Lei 1.790, de 9 de junho de 1980.
BRASIL. Leis, decretos, etc. Decreto-Lei 2.047, de 20 de julho de 1983.
BRASIL. Leis, decretos, etc. Decreto Legislativo 1.338, de 25 setembro de 1974.
BRASIL. Leis, decretos, etc. Lei 3.071, de 1º de janeiro de 1916 [Código Civil].
BRASIL. Leis, decretos, etc. Lei 4.131, de 3 de setembro de 1962.
BRASIL. Leis, decretos, etc. Lei 4.390, de 29 de agosto de 1964.
BRASIL. Leis, decretos, etc. Lei 4.728, de 1965.
BRASIL. Leis, decretos, etc. Lei 5.709, de 1971.
BRASIL. Leis, decretos, etc. Lei 5.869, de 11 de janeiro de 1973 [Código de Processo Civil].
BRASIL. Leis, decretos, etc. Lei 6.404, de 15 de dezembro 1976.
BRASIL. Leis, decretos, etc. Decreto Lei 1.986, de 28 de dezembro de 1982.
BRASIL. Leis, decretos, etc. Lei 2.285, de 23 de julho de 1986.
BRASIL. Leis, decretos, etc. Súmula 363 do STF.

Impresso com filme fornecido pelo cliente por:

FONE: (051) 472-5899
CANOAS - RS
1998